111 Gründe, Frauen zu lieben

111 GRÜNDE, FRAUEN ZU LIEBEN

Ein Lobgesang auf das schöne Geschlecht

von

Richard Christian Kähler

Schwarzkopf & Schwarzkopf

INHALT

Danksagung

Gedankt sei
der Großmutter und der Mutter,
den Tanten und Cousinen,
den Schwestern und der Tochter,
den Freundinnen und der Frau.

Statt eines Vorwortes: Mein ganz privater Grund.

Weil ich das kleine Mädchen nicht vergessen kann, das mir zu meinem 10. Geburtstag drei Muscheln und eine Glasmurmel schenkte

Ich stand im Kinderzimmer vor meinem schon gut gefüllten Geschenke-Tisch, als sie hereinkam, neben mich trat und ich mich ihr zuwandte. Sie war ein Mädchen, das ich nur flüchtig aus der Schule kannte und mit dem ich kaum je einen Satz gesprochen hatte. Weil ... naja: *Mädchen*. Wen *interessieren* die?

Aber an dieses Mädchen erinnere ich mich seltsamerweise bis heute. Wahrscheinlich, weil es das erste weibliche Wesen in meinem Leben war, das plötzlich meine Aufmerksamkeit auf eine Art und Weise fesselte, wie ich es noch nie zuvor erlebt hatte.

Es lag nicht daran, dass dieses Mädchen besonders hübsch oder keck oder sonstwie auffallend gewesen war. Nein, es musste etwas ganz anderes gewesen sein, was mich diesen nur sekundenlangen Moment zwischen uns nie hat vergessen lassen.

Vielleicht war es ihr scheuer, verlegener Blick, mit dem sie mir, einem verwöhnten Bengel aus wohlhabendem Hause, ein winziges Päckchen, eingewickelt in einfaches weißes Papier, entgegenhielt. Oder ihr leiser, fast geflüsterter Satz: »Es ist nur ein ganz kleines Geschenk, weil ... wir sind arm ... aber ... es ist alles, was ich hab.«

Oder die Erkenntnis, dass alles, was dieses Mädchen hatte und mir nun zum Geschenk machte, drei silbrig schimmernde kleine Muschelschalen und eine buntglänzende Glasmurmel waren.

Ich will nicht verhehlen, dass mir in diesem Moment hochmütige und überhebliche Gedanken durch den Kopf schossen. Aber ich kann auch nicht leugnen, dass ich gleichzeitig von diesem Mädchen und seinem Geschenk so tief angerührt wurde wie nie zuvor. Als hätte ich eine allererste Ahnung von der unglaublichen Zuneigungsfähigkeit der Frauen verspürt.

Es war das erste Mal in meinem Leben als Mann, dass ich erfuhr: Es gibt Momente, da erscheint unerwartet eine Frau in deinem Gesichtsfeld, ihr Gesicht fängt dicht vor deinen Augen an zu leuchten, und alles andere um euch beide herum, die ihr in einem strahlend weißen Lichtkreis voreinander steht, alle anderen, die eben noch redeten und lachten und machten, verstummen und verblassen und versinken in einem dichten Nebel. Und es gibt nur noch *Sie*.

Manchmal denke ich heute, das Mädchen mit den drei Muscheln und der Glasmurmel, das ich nie wiedergesehen habe, war mehr als nur ein Mädchen. Vielleicht war es die erste Botin, die die Liebesgötter mir geschickt haben.

Und den Göttern sei Dank war es nicht die letzte.

Im Frühjahr 2008 *Richard Christian Kähler*

»Zwei Dinge bedeuten mir Leben:
Die Freiheit und die Frau, die ich liebe.«
VOLTAIRE

Kapitel Eins

Mädchen & Jungen

»Liebe ist ein privates Weltereignis.«
Alfred Polgar

Grund Nr. 1

Weil Frauen die ersten Menschen sind, die wir Männer in unserem Leben kennenlernen

Die ersten menschlichen Wesen in einem frischgeborenen Männerleben sind Frauen. Und das allererste Ereignis, das sich direkt nach unserer Geburt auf ewig unvergesslich in unser aufnahmebereites Gehirn brennt, sieht so aus:

Wir liegen in einem weichen Bett splitterfasernackt auf dem warmen Bauch einer uns liebenden Frau.

Toll. Aber das ist noch nicht *alles*: Rund um das Bett stehen sogar noch jede Menge weiterer Frauen, die uns offensichtlich *auch* sensationell süß finden, sich riesig freuen, dass wir auf der Welt sind und begierig darauf warten, uns endlich auch mal in den Arm nehmen zu dürfen.

Und all diese Frauen streicheln uns zärtlich und zwitschern mit hellen Stimmen auf uns ein, kneifen uns neckisch in die Wange und klopfen uns ermunternd auf den Po, kommen ganz dicht an uns heran, schauen uns mit glänzenden Augen und gespitzten Lippen an und halten uns ihre Hände entgegen, die wir natürlich begeistert ergreifen und festhalten.

Und das ist einfach ein so dermaßen göttlicher Moment, dass man ihn in seinem nachfolgenden Leben am liebsten immer und immer wieder erleben will.

Und dafür … dafür tun wir Männer einfach alles!

»Eine geliebte Frau in den Armen halten,
das ist das Äußerste an menschlichem Glück.«
Guy de Maupassant

Grund Nr. 2

Weil man von Frauen so irrsinnig interessante Sachen lernen kann

Von den vielen Frauen in meiner Familie gab es *irrsinnig* viel zu lernen. Und man brauchte ihnen dazu einfach nur bei ihrem Treiben zuzuschauen.

Meine beiden kleinen Schwestern zum Beispiel zeigten mir schon früh, wie *unterschiedlich* Mädchen sein konnten: einerseits menschlich eher scheu, aber dafür so vernarrt in Tiere, dass man unbedingt jeden Tag vom Parkspaziergang eine neue Ente heimlich mit nach Hause bringen und abends bis in die Puppen Pferdebücher lesen muss.

Oder andererseits ein so charmantes und gewieftes Schmusekind sein, dass man sich selbst *nach* der ›Tagesschau‹ aus dem Bett noch mal zurück ins Wohnzimmer auf Papas Schoß schmeichelt und dann in aller Ungestörtheit echte Erwachsenen-Krimis mitgucken kann.

Und dann erst meine große Schwester! Das verrückteste Huhn, das je über diese Erde gerannt ist …

Sie brachte mir bei, dass man als Mädchen nachts heimlich aus dem Fenster klettern und erst kurz vor Morgengrauen mit roten Wangen, zerwuschelten Haaren und aufgequollenen Knutschlippen wieder nach Hause kommen kann.

Oder dass man seinem ahnungslosen kleinen Bruder nicht nur das Twist-Tanzen beibringt, sondern ihn auch bei der nächsten Fete gnadenlos aus dem Bett trommelt und ihn vor den johlenden und klatschenden Partyfreunden im Pyjama vortanzen lässt.

Dass man Tennisspielen nur im feinsten Hamburger ›Klipper-Club‹ lernen kann, wo das Training merkwürdigerweise ausschließlich an der Bar stattfindet und dass es so was wie Swingin' London gibt und die Carnaby Street, von der man seinem Bruder so schräge T-Shirts und gruselige Pop-Armbanduhren mitbringt, dass der Junge entweder *Klassenclown* oder *Klassensprecher* wird, wenn er sie in der Schule trägt. Und *dazu* natürlich grasgrüne Flauschhosen, orangefarbene Hemden mit *drei* Kragenknöpfen und einen knallgelben Gürtel.

Tja. Wie meine große Schwester zu sagen pflegt: »Entweder man *hat* Klasse – oder man hat *keine*!«

Und was hab ich so von meinem Vater fürs Leben gelernt?

Nun, er lag leidenschaftlich gern bis mittags im Bett und den Rest des Tages auf der Couch. Das war leicht zu lernen, aber mir zu langweilig. Und ansonsten erinnere mich leider nur an einen einzigen Satz, den er mit einer gewissen bedeutungsschwangeren Lehrhaftigkeit in meine Richtung sagte.

Aber der beinhaltete dafür auch die Essenz seines gesamten Strebens und Lebens, das er als bitterarme Vollwaise begonnen hatte: »Es gibt nicht Schwereres auf der Welt, mein Junge, als an das Geld anderer Leute ranzukommen.«

Ja, Papa. Danke, Papa.

Und es freut mich *sehr* für Dich, dass Du es *geschafft* hast.

»Der Mann bildet und erzieht die Welt,
aber den Mann erzieht die Frau.«
MIGUEL DE CERVANTES

Grund Nr. 3

Weil Frauen so ganz und gar anders sind als diese dummen Dinger vom Schulhof

Irgendwann in den Sommerferien am Strand von Spanien waren sie plötzlich da: lächelnde Wesen mit langen Haaren und Beinen, großen Augen und einem noch größeren Geheimnis.

Wo kamen auf einmal diese ganzen jungen Frauen her? Es war mir, als wären sie aus dem Boden gewachsen. Denn mit diesen albernen Mädchen, den verachtenswerten, kichernden Dingern vom Schulhof konnten diese Wesen unmöglich etwas zu tun haben.

Sie erschienen mir wie Seejungfrauen einem Seemann. Und alle summten ein leises, fast unhörbares Lied, aus dem ich zu verstehen glaubte: »Komm, spring kopfüber hinein in mein Element … und ich verspreche dir, du wirst ein blaues Wunder erleben!«

Natürlich kannte ich schon jede Menge Frauen, aber das waren ja nur Erwachsene. Diese hier aber waren frisch! Waren wie frischgeboren, wie aus einer Muschelschale entschlüpfte schimmernde Perlen, seltsam leuchtende Wesen, deren plötzliches Erscheinen immer häufiger meinen Blick auf den plötzlich so uninteressanten Rest der Welt überstrahlte.

Auf stundenlangen Strandwanderungen entlang des endlosen Sandes, die nackten Füße in den auslaufenden, sanft leckenden Wellen entlang der Wasserkante, ließ ich meinen Blick über den breiten, besonnten Sandstrand und seine Besucher schweifen und schaute sie mir alle an.

Alle.

Denn es gab ja hunderte von ihnen. Eine schöner als die andere. Und eine andere wieder schöner als die zuvor. Und dann wieder welche, die wieder ganz *anders* schön waren, und wieder andere, noch wieder ganz anders schöner als andere Schöne – unfassbar.

Hunderte junger Frauen, die sich nicht wie kleine Mädchen vor Verlegenheit krümmten, wenn man sie ansah, aufkichernd abdrehten und kreischend davonrannten. Sondern aufrechte, gerade gewachsene Wesen, die, wenn sie den Blick eines suchenden Jungen wie mir auf sich spürten, deutlich und direkt zurückschauten. Mannomann …

Junge Frauen, die einem auf so klare Art in die Augen blicken und über Meter hinweg einen so ausschließlichen Kontakt mit einem aufnehmen konnten, dass einem die Knie seltsam weich wurden und der Rest der Welt verschwand.

Und alles im Blick dieser jungen Frauen sagte: »Ich kann dir *alle* Geheimnisse dieser Erde zeigen. Aber dafür will ich auch *alles* von dir haben.«

Alles? Hatte ich denn überhaupt *irgendwas* zu geben?

Ja, plötzlich waren sie da. Und mir war klar: Ich fand sie *wahnsinnig* interessant. Sie waren wie ein Haufen frischgelandeter Aliens. Und ich musste sie unbedingt kennenlernen.

Wenigstens *eine* von ihnen …

»Die Frau ist ein Fisch, der den Angler fängt.«
Mark Twain

Grund Nr. 4

Weil wir Männer ohne Frauen verloren wären in dieser Welt

Stundenlang stand ich vor der Musicbox der Strandbar und drückte wieder und wieder eine einzige Platte. Einen Song, wie ich ihn noch nie in meinem Leben gehört hatte.

Der Sänger, umrankt von aufheulenden Geigen, hatte eine seltsam heisere Stimme, mit der er nicht nur magisch sang, sondern auch aufschrie, als ob gerade sein Herz zerbrechen würde.

Und alle Weisheit dieser Welt, nach der ich Vierzehnjähriger so suchte, flutete mit seinen Tönen und Worten in mein Ohr: »This is a *man's* world … but it would be nothing … *nothing* … without a *woman* or a *girl!*«

Diese Erkenntnis erschütterte mich zutiefst. Und ich lieh mir noch mehr Peseten, um noch herauszufinden, was dieser James Brown in der Ausblende seines Songs so unfassbar hemmungslos aus sich herausschrie. Und dann endlich verstand ich ihn: »He's *lost* … in the wilderness … he's *lost* … in *bitterness* …«

Das nahm ich mir zu Herzen, fasste mir ein Herz, und in der Nacht kam die Tochter des Strandbar-Besitzers heimlich aus dem Haus gehuscht und wir küssten uns.

Und dass sie plötzlich dabei erzitterte, lag nicht an meiner Küsskunst, sondern an ihrem Vater, der im Haus nach ihr rief und wahrscheinlich schon seine Schrotflinte durchlud.

Na und? Lieber mein Leben verlieren als in einer frauenlosen Wildnis in Bitternis verloren zu gehen!

»Im Alter von 20 Jahren ist man nicht edler, sondern furchtsamer den Mädchen gegenüber und wittert Mysterien, in die man nicht einzudringen können glaubt, ohne sich in schwere Gefahr zu begeben.«
B. Traven

Grund Nr. 5

Weil man von Frauen lernen kann, was Ablästern für ein Genuss ist

Wie man *fernsieht*, lernte ich von meinem Vater, denn der hatte als Erster in unserer Straße einen Fernseher. Man sitzt aufrecht in einem Sessel, starrt gebannt auf den flimmernden Schwarz-Weiß-Bildschirm und versucht mit aller vorhandenen geistigen Kraft, dem zu folgen und das zu begreifen, was die bedeutsamen, wichtigen Menschen dort in der Kiste dem Volk da draußen zu zeigen und zu sagen haben.

Und wenn im Fernsehen einer *redet*, wird zuhause vor den Bildschirmen gefälligst *geschwiegen*. Und im Fernsehen redet ja *immer* irgendeiner …

Meine Mutter und meine große Schwester hingegen, bei denen ich als Scheidungskind wenigstens jedes zweite Wochenende verbringen durfte, pfiffen auf derartige Ehrerbietungen. Während der heiligen ›Tagesschau‹ rannten sie nach einer ausgiebigen Bade- und Pickelausdrück-Orgie nackt durch die Wohnung, spielten nebenbei Elvis-Platten oder französische Chansons und klebten sich gegenseitig kichernd die weißgekremten Gesichter mit Gurkenscheiben voll.

Und wenn das Abendprogramm begann, hörte ich meistens nur meine Mutter und meine Schwester reden. Und zwar über die im *Fernseher* da. Und es gab nichts, aber auch *gar* nichts, was dabei unkommentiert blieb: »Ja, wie sieht denn *der* aus? Du, guck mal, die Frisur! Ach du Elend! Und was hat *die* denn an? Ja, guckt dir *das* an, ich glaub, mein Schwein pfeift! …«

Und all das, so wurde mir nach anfänglicher, leiser Peinlichkeit schnell klar, all das war ja auch noch nicht mal *unhöflich*! Denn die da drinnen konnten uns ja schließlich nicht *hören*. Aber rechneten *fest* damit, dass wir *sie* hörten … aber *da* hatten sie bei meinen Damen Pech gehabt.

Denn reden ließen meine beiden wilden Weiber nur *diejenigen*, die auch wirklich etwas zu *sagen* hatten. Und zwar etwas, das ihnen *gefiel*: Etwas Kluges. Etwas Charmantes. *Oder* etwas Lustiges. Und das konnte eigentlich nur *einer*: Kuli. Hans-Joachim Kulenkampff bei ›Einer wird gewinnen‹. Wahrscheinlich, wie ich mir damals dachte, das Allerallerbeste im ganzen großen Fernsehland. Weil meine beiden strengen Lehrmeisterinnen bei *ihm* lächelnd schwiegen und glücklich genossen.

Heute genieße *ich* das Glück, mit einer ähnlich frechen Freundin alle paar Wochen ins Kino zu gehen. Und auch *wir beide* schweigen vor der Leinwand nur, wenn etwas *richtig gut* ist. Und weil es das meistens *nicht* ist, warten wir fast schon *sehnsüchtig* auf den Tag, an dem irgendeiner endlich den Mumm hat, uns wegen unseres unentwegten verächtlichen Gelächters bei der Werbung und unseres absolut lästerlichen Gekichers und Geschwätzes während eines halbgaren Films empört aus dem Kino zu werfen.

Aber *dafür* muss wahrscheinlich schon mein *Vater* kommen …

»Die Frauen haben nicht unrecht,
wenn sie sich den Vorschriften nicht fügen wollen,
welche in der Welt eingeführt sind.
Weil die Männer sie verfasst haben,
ohne die Frauen zu fragen.«
MICHEL DE MONTAIGNE

Grund Nr. 6

Weil Frauen Lippen haben, die nach Leben schmecken

Mit sechzehn Jahren zog ich von Hamburg nach Bremen. Und die Bremer Mädchen, die ich von da an genau betrachtete, waren irgendwie *anders* als die aus meiner Heimatstadt. Und als ich ein paar von ihnen etwas näher kam, und dann ganz nah, bemerkte ich, *was* an ihnen so anders war: Sie waren *kaum* geschminkt. Und sie trugen *keinen* Lippenstift.

So hatte ich das Glück, echte, unverfälschte Lippen kennenzulernen. Und küssen zu dürfen. Trockene Lippen, die bald feuchter wurden und feuchte, die bald schon nass aufglänzten. Spröde Lippen, die schnell geschmeidig wurden und immer weicher. Kühle Lippen, die sich langsam erwärmten, und warme Lippen, die irgenwann rot glühten und blühten. Und das, ohne je einen Lippenstift gesehen zu haben.

Ich glaube, deshalb bin ich auch heute noch kein Freund von Lippenstift. Ich kann den Sinn nicht recht entdecken. Und was die Männer vielleicht leuchtend anlocken soll, schreckt mich eher grell und unnütz ab und ich mag nicht den Geschmack. Denn ich liebe Lippen, die lebendig schmecken.

Zwei warme, weiche, feuchte Stellen, auf denen es sich ausgezeichnet näher kommen lässt. Und wie wir alle wissen, ist das Zusammentreffen ja in der Regel so großartig, dass man getrost die Augen schließen und alles vergessen kann dabei.

»Ihre Lippen, ja! Wenn du sie zum ersten Mal auf deinen fühlst, ist das so wie der erste Schluck Wein nach einem langen Gang durch die Wüste.«

Al Pacino als Frank Slade in ›Der Duft der Frauen‹

Grund Nr. 7

Weil Frauen zur Not auch ihren großen Sohn noch mal kurz auf den Topf setzen können

Meine erste Liebesgeschichte endete nicht nur schnell, sondern auch unglücklich. Und ich konnte einfach nicht fassen, wie sehr der Verlust von etwas schmerzte, von dem man bis vor ein paar Wochen noch gar nicht gewusst hatte, dass es das überhaupt gab.

Und als mein Gejammer und Gestöhne darüber einfach nicht enden wollte, sagte meine Mutter irgendwann, und ein ungewohnt eisiger Unterton schwang dabei in ihrer Stimme mit: »Ach, Unsinn. Hör endlich auf. Andere Mütter haben auch schöne Töchter.«

Andere Mütter haben auch schöne Töchter.

Andere Mütter haben *auch* schöne Töchter!

Das muss man sich mal vorstellen! …

Wie lieblos! Wie herzlos! Ja, wie kann man einem jungen, verliebten Mann nur so etwas Fieses sagen? So etwas Billiges, Banales, ja einfach nur Saublödes angesichts einer nun schon seit drei Tagen anhaltenden, absoluten Sonnenfinsternis in seinem Herzen?

Wo doch gleich die erste Tochter einer anderen Mutter, die ihr Sohn kennengelernt hat, sich als die einzig wahre, beste, goldenste, begehrenswerteste, magischste, faszinierendste Frau der Welt herausgestellt hatte!

Das sind Momente im Leben, da muss ein Sohn schmerzhaft erkennen, dass seine Mutter auch nur eine Frau ist. Und bei tagelangem Liebeskummer ihres Sprösslings nicht die erhofft unendlich engelshafte Geduld aufbrachte, für die man eigentlich erst den Mutterorden in Gold verliehen bekommt.

Aber das Schmerzhafteste an diesem Satz, der meine Mutter und mich zu kurzzeitig fremden Wesen machte, war: Sie hatte recht. Sie hatte ja vollkommen recht gehabt! Blitzschnell, also schon am vierten Tag, stellte sich heraus, dass andere Mütter in der *Tat* auch sehr schöne Töchter hatten.

Und wer weiß – ohne meine kluge Mutter hätte ich das vielleicht *nie* rausgekriegt!

»Die Frau ist da, damit der Mann durch sie klug werde.«
KARL KRAUS

Grund Nr. 8

Weil Frauen die Mühe auf sich nehmen, ahnungslose kleine Jungs zu entjungfern

In meinem Fall zumindest *war* es eine Frau. Und was für eine! Sie war schon *über zwanzig* – und ich gerade sechzehn. Und es war *Sommer* ... Und Mitternacht, als wir die Bar verließen, in der sie mich schon an den *unmöglichsten* Stellen berührt hatte, und wir an den spanischen Strand gingen, wo eine Französin einem Deutschen nun liebevoll zeigen wollte, *wo* und *wie* es eigentlich bei Frauen untenrum *reingeht*.

Denn ehrlich: Ich hatte nur *extrem* verschwommene Vorstellungen von dem, was ein Mann *tun* muss, wenn ein Mann mal was *tun* muss. Dafür hatte Françoise, denn so hieß sie, glücklicherweise um so genauere: *Diesen* niedlichen kleinen Burschen, den zieh ich mir jetzt *rein* ...

Und dann legte sie sich im Dünensand auf den Rücken, zog mich auf sich, wies mir den Weg, und zum ersten Mal im Leben merkte ich, wie energisch und rhythmisch der liebe Gott einem Mann in den *Rücken* tritt, damit auch geschieht, was geschehen soll. Und es wäre sicher noch sehr schön geworden, hätte Françoise nicht plötzlich mit aufgerissenen Augen über meine Schulter gestarrt, sich hektisch unter mir herausgewunden und wäre, ihr Höschen raffend, davongerannt.

Weil auf dem Dünenrand im Mondschein die Silhouetten von drei Polizisten der Guardia Civil standen und still rauchend auf mich und meinen nackten Hintern herunterschauten.

Mein *erster* Coitus ... und *dann* gleich ein *Interruptus*.

»Ich war wohl nie ein großer Liebhaber; jedenfalls hat nie eine Frau den Liebesakt unterbrochen, um mir zu applaudieren.«
Marcello Mastroianni

Grund Nr. 9

Weil Frauen schon liebenswert sind, wenn sie noch kleine Mädchen sind

Ja, natürlich: Kleine Jungs sind manchmal ganz drollig und niedlich, machen charmante Grimassen und lassen dich ihren angeborenen Stolz und ihren Wunsch nach Größe schon spüren, selbst wenn sie noch Zwerge sind. Auch kleine Hunde sind nicht zu verachten, und manche Menschen lieben sogar Katzen … aber *mein* Herz gehört den kleinen Mädchen.

Denn seitdem ich meine *Tochter* habe neben mir aufwachsen sehen, sehe ich *alle* kleinen Mädchen dieser Erde mit anderen Augen an. Und denke jedes Mal: Sie könnten der Anfang eines möglichen Wunders sein. Denn wenn ein kleines Mädchen auch nur *einigermaßen* glücklich groß wird, kann es einmal eine *tolle Frau* werden!

Und was wollen wir Männer *anderes* auf der Welt?

Mir geht es wahrscheinlich wie Holden Caulfield, dem ›Fänger im Roggen‹, der als Lebensaufgabe am liebsten Kinder, die in einem Kornfeld auf einer Klippe lachend Kriegen spielen, davor beschützen möchte, in den Abgrund zu stürzen. Und der, als Fazit seines 16-jährigen Lebens, einzig in seiner kleinen Schwester Phoebe die Hoffnung auf eine lebens- und liebenswerte Zukunft sieht.

Und voller Glücksgefühl still im strömenden Regen sitzen bleibt, während er dem kleinen Mädchen unter einem schützenden Dach beim Karussellfahren zuschaut: »Aber das war mir egal. Ich war auf einmal so verdammt glücklich, als die gute Phoebe da immer im Kreis fuhr. Fast hätte ich noch geheult, so verdammt glücklich war ich, wenn ihr's genau wissen wollt. Warum, weiß ich nicht. Sie sah einfach nur so verdammt *nett* aus, wie sie da in ihrem blauen Mantel und so immer im Kreis fuhr. Gott, ich wünschte, ihr hättet auch da sein können.«

Aber wir *sind* ja da. Und schauen kleinen Mädchen voller Glück dabei zu, wie sie in ihrem blauen Mantel fröhlich im Kreis fahren. Und versuchen, sie davor zu beschützen, dass sie in einen Abgrund stürzen. Jedenfalls so lange, bis sie groß genug sind, um sich freiwillig für den Abgrund zu entscheiden.

»Aber *bitte* nicht wegen irgendeinem *Mann*«, predige ich dann immer meiner nun fast erwachsenen Tochter. »Denn *kein* Mann kann so viel wert sein, dass man sich *selbst* wertlos fühlt ohne ihn.«

Versprochen?

Gut.

Und jetzt weiter Karussell fahren …

»Ich bin der Meinung, als Gott die Frauen erschuf,
hat er einen großartigen Job gemacht.
Ich denke, Mädchen sind einfach vollkommen.«
CHRIS MARTIN, COLDPLAY

Grund Nr. 10

Weil Frauen uns davor bewahren, für immer 14 Jahre alt zu bleiben

In jedem Manne ist ein Kind versteckt«, heißt es immer so niedlich. Versteckt? Es ist doch offensichtlich! Und noch offensichtlicher ist es genau andersherum: In jedem *Kindskopf* ist ein *Mann* versteckt. Und zwar extrem *gut* ...

»Der Unterschied zwischen einem Knaben und einem Mann ist gar nicht so groß – er besteht meist nur in der Preisdifferenz ihrer Spielsachen«, sagte eine kluge Frau, und amerikanische Forscher haben herausgefunden, dass es in den USA eigentlich schon seit Jahrzehnten kaum einen Unterschied mehr gibt zwischen erwachsenen Männern und ihren Söhnen.

Denn egal, ob einer 14 ist oder 44, sie alle essen das gleiche Fast-Food-Zeug und trinken Blubberlutsch-Getränke mit Zucker. Sie alle daddeln so lange am Computer und der Spielekonsole herum, bis sie die ganze Welt und das restliche Universum besiegt haben. Sie alle gucken Baseball und haben die dazugehörige ›Cap‹ bis ans peinliche Ende ihres Lebens *verkehrt herum* aufgesetzt. Und inzwischen hören Alt und Jung sogar schon dieselbe *Musik* ...

Ist das der Traum von der ewigen *Jugend*? Nein: Das ist eher der Alptraum von der ewigen *Kindheit*.

Sorry, dass ich hier so schimpfe, aber ich muss es einfach mal so krass sagen, denn leider weiß ich aus *eigener* Erfahrung, wovon ich rede: Ohne die Sehnsucht *nach* und die ernsthafte Bindung *an* eine Frau bleiben viele Männer ihr Leben lang 14 Jahre alt. Auch wenn sie sich schon seit zwanzig Jahren rasieren, beim Bund waren und ihren Beruf ausüben – innerlich haben sie immer noch kurze Hosen an.

Großgewachsene kleine Jungs, die immer noch Comic-Hefte lesen, Superhelden-Filme gucken und in virtueller Rüstung das

Mittelalter vor bösen Zwergen und unbesiegbaren Riesen retten müssen! Aber das einzig *wahre* Abenteuer in der *realen* Welt, die *Liebe*, anscheinend noch immer nicht mit allen Konsequenzen wagen.

Sondern höchstens von Zeit zu Zeit zwischen zwei Spielen das ungewisse, aber irgendwie dringliche Gefühl verspüren, sich mal ruck-zuck in eine Frau ergießen zu müssen. Und nur, wenn die Frau nicht mehr länger im Haus seiner Eltern heimlichen Sex mit ihm haben will, mürrisch mit ihr in eine gemeinsame Wohnung zieht.

Sollte Ihnen also so ein ausgewachsener Kindskopf über den Weg laufen, haben Sie ruhig *Verständnis* für ihn oder empfinden Sie sogar Symphatie für das unreife Kind im unreifen Manne. Aber vergessen Sie bei aller Liebe bitte *eines* nie: Es kann *sehr* gut sein, dass dieses Männchen nur *deshalb* mit Ihnen zusammen ist, weil seine *Mutti* ihm nach 30 Jahren nahegelegt hat, doch bitte sein Kinderzimmer zu räumen und sich mal eine *eigene* Frau zu suchen.

Denn *Mutti* ist ja nun mal *leider* schon mit *Pappi* verheiratet.

»Maude, ich liebe dich.« –
»Das ist sehr schön, Harold. Geh und lieb noch viele andere.«
Harold und Maude in ›Harold und Maude‹

Kapitel Zwei

FRAUEN & MÄNNER

»Frauen und Männer –
wieviel ließe sich darüber sagen,
wüsste man nur etwas.«
Robert Gernhardt

Grund Nr. 11

Weil Frauen keine Männer sind

»Ich liebe die Männer nicht, weil es Männer sind, sondern weil es keine Frauen sind«, stellte Christine, Königin von Schweden, schon vor 350 Jahren fest. Ich finde, sie hat heute noch recht. Für mich allerdings im umgekehrten Sinne. Denn ich liebe Frauen, weil sie *keine Männer* sind.

Nicht nur, weil sie deshalb keine Haare auf der Brust haben oder beim Sex einfach schöner stöhnen als wir Kerle, sondern auch, weil das manchmal so schwere Zusammenkommen von Mann und Frau mich immer an das Lied von den zwei Königskindern erinnert, die zueinander nicht kommen konnten – weil das Wasser zwischen ihnen viel zu tief war.

Heute, wo wir Königskinder fast alle ausgezeichnet schwimmen können, stelle ich mir das trotzdem immer noch Trennende zwischen den Ufern der Männerwelt und der Frauenwelt wie einen schmalen, aber abgrundtiefen Riss in der Erdkugel vor.

Und verlockt mich eine Prinzessin, von meiner sicheren, gemütlichen Männerseite den großen, gefährlichen Schritt über den Abgrund zu wagen, und stehe ich dann da, mit einem Fuß auf meiner und dem anderen schon auf der Frauenseite, dann merke ich: Es will mir schier das Säckchen zerreißen, so schmerzhaft ist der Spagat, den man für diesen Weltenwechsel wagen muss.

Aber deshalb lieber am *eigenen* Ufer bleiben und Männer lieben?

Och nö. Die *kenn* ich ja schon …

»Männer kann man analysieren,
Frauen … nur bewundern.«
Oscar Wilde

Grund Nr. 12

Weil Frauen bei Männern zum Glück nicht nur auf den Hintern gucken

Irgendwann vor ein paar Jahren war es plötzlich ganz normal, dass Frauen in aller Öffentlichkeit laut davon redeten, dieser oder jener Typ habe einen ›geilen Knack-Arsch‹. Und als ich diesen Ausdruck zum ersten Mal aus einem Frauenmund hörte, war ich echt ein wenig pikiert.

Warum? Nun ja, will man sich als Mann von Frauen zum reinen Sexualobjekt machen lassen?

Nur, wenn sonst *überhaupt* nichts mehr läuft ...

Allerdings ist meine Aufregung über derartige Reduzierungen auf zwei Arschbacken auch nicht so *ganz* koscher. Denn kürzlich fiel mir wieder der *wahre* Grund ein, warum ich wahrscheinlich auf derartige Damen-Komplimente eher etwas zurückhaltend reagiere.

Wir waren sechzehn, feierten bei einem Freund, dessen Eltern in Urlaub waren, eine wilde Party mit wenig Cola und viel Rum, und irgendwann, als die Wogen langsam echt hochschlugen, ging es unter uns Jungs darum, wer wohl den Mumm hätte, vor versammelter Mannschaft (und damit natürlich hauptsächlich vor den versammelten Mädchen) die Hose runterzulassen und ›einen donnern‹ zu lassen. Und das, damit es auch gut sichtbar war, hell beleuchtet im Lichtschein unter der Esstischlampe der armen, ahnungslosen Eltern.

Zwei Jungs hatten den unnötigen Mut. Einer von ihnen war ich. Und wir waren die Helden!

Nur: Später bekam ich zu hören, dass die versammelten Damen der Meinung gewesen seien, der *andere* hätte einen *schöneren Arsch* als ich. Mein Gott! Was war *das* denn für ein Kriterium? Was hatte denn mein blöder Hintern mit meinen sonstigen sensationellen Qualitäten als Mann zu tun?

Ehrlich, das hat mich damals echt gewurmt.

Und wenn ich heute manchmal mitbekomme, wie Frauen auf Büroflurenkleine Diskussions-Grüppchen bilden, um in aller Seelenruhe vorbeimarschierende Männerärsche zu begutachten und zu kommentieren, dann versuche ich, etwas milder in meinem Urteil zu sein.

Und natürlich den Arsch in der Hose fest zusammenzukneifen. Denn wer weiß: Vielleicht können Frauen in ihrer unermesslichen Weisheit ja am Hintern eines Mannes sogar seinen Charakter erkennen!

»Ein Mensch ohne Fehler
ist kein vollkommener Mensch.«
ALFRED POLGAR

Grund Nr. 13

Weil Frauen uns Männer allen Ernstes ›süß‹ finden

Süß! Das muss man sich mal vorstellen! *Süß!* Und wahrscheinlich auch noch *knuddelig* und *knuffig*, *puschelig* und *wuschelig*. Wie *süüüß!* … Hand aufs Herz, meine Damen: Wie kann man echte Kerle, gestandene Mannsbilder, teilweise sogar noch halbbehaarte, halbwilde Tiere ›süß‹ finden?

Und, Hand auf die Hose, meine Herren: Wer von Euch – die *Süßen* unter Euch jetzt mal ausgenommen – findet einen anderen Mann ›süß‹?

Wirklich, ich habe in Sport-Umkleidekabinen *alles* gerochen, was Achselbehaarung und Po-Rille hergeben! Ich habe *Bremsspuren* in Männerunterhosen gesehen, die waren *so* lang, dass ihre Besitzer mit mindestens *200 Stundenkilometern* unterwegs gewesen sein mussten, als sie kurzzeitig die Gewalt über ihren Körper verloren und trotz überhöhter Geschwindigkeit nicht mehr rechtzeitig bis zur nächsten Raststätte kamen!

Meine Güte, ich habe in Schullandheimen und Bundeswehrkasernen *Socken* verwesen sehen, und ja, es gab sogar Zeiten, meist in Day&Night-Motorradstiefeln, da hab ich das Sockensterben am *eigenen Leib* miterlebt!

Und wieso sind wir dann trotz alledem noch ›süß‹? Weil Frauen einen Blick auf die Welt haben, in dem wir Männer so *weichgezeichnet* dastehen, dass es sich *gewaschen* hat? Und zwar bei *mehr* als 40 Grad? …

Nein, ich habe eigentlich nur *eine* Erklärung dafür, warum Frauen uns böse Buben als so unglaublich süß empfinden: weil wir Männer immer so *schreckliche Angeber* sind.

Wie? Naja, ganz einfach. Denn wenn ich ausnahmsweise einmal von *mir* auf *andere* schließen darf, dann möchte ich behaupten, dass all die Typen, die immer so zwanghaft auf *cool* tun, die stets und überall den *Harten* mimen müssen, den eiskalten *Gnadenlosen*, den gefährlichen *Totalchecker* … dass *diese* Typen in *echt* und *Wirklichkeit* die geborenen Mimosen sind. Ganz windelweiche Herzchen. Niedliche kleine Zuckerstückchen …

Und zu sehen, wie so ein zartes Seelenpflänzchen sich künstlich aufplustert, damit nur keine Frau auf die Idee kommt, ihm kichernd in die Seite zu piksen – das ist doch eigentlich *wirklich* süß. Oder?

Doch. Ist es.

Wie *süüüß!* …

»Man sollte einer Frau nie widersprechen.
Man sollte warten, bis sie es selbst tut.«
HUMPHREY BOGART

Grund Nr. 14

Weil Frauen über Dinge, die uns Männern todernst sind, immer so kichern müssen

Eines der großen Missverständnisse zwischen Frauen und Männern beginnt in dem Moment, wo kleine Jungs etwas stirnrunzelnd feststellen müssen, dass es neben ihnen auch noch eine *andere Sorte* kleine Menschen auf dieser Welt gibt. So welche mit langen Haaren, die immer kichern, wenn man sie irgendwo stehen sieht. Alberne Dinger, die fast immer dumm rumgackern und sich, wenn man erst mal in ihre Nähe kommt, vor Lachen kaum noch auf den dünnen Beinchen halten können.

Mädchen. Schrecklich …

Ich weiß nicht, wie es *anderen* Jungs gegangen ist, aber ich *selbst* bin damals *nie* auf die naheliegende Idee gekommen, dass das Lachen der Mädchen ja eigentlich auch *Gründe* gehabt haben musste. Heute, wo ich manchmal selbst kleinen Jungsbanden bei ihrem unmotivierten Geschrei, ihrem wirren Herumkajole und ihrem ruppigen Gerangel und Geschubse nur kopfschüttelnd zusehe, kann ich die Mädchen von damals verstehen. Was für alberne, unverständliche Geschöpfe.

Jungs … Schrecklich.

Deshalb fällt es mir heute auch manchmal wenigstens etwas leichter, es hinzunehmen, wenn Frauen über Dinge, die Männern nun mal *heilig* sind, lästern, lachen oder auch nur verständnislos bis leicht mitleidig mit dem Kopf schütteln.

Fußball. Autos. Und natürlich *Computer.*

Und unser *Stolz.* Unsere *Ehre.* Und der verdammte *Respekt*, den die Welt uns schuldet.

Ja, zugegeben: Männer sind wirklich *ziemlich* ernst. Ernst – aber glücklicherweise nicht *hoffnungslos.*

Genau, wie es die Lage zwischen Frauen und Männern ist: hoffnungslos – aber glücklichweise nicht *ernst.*

Und unter uns: Ich finde es manchmal echt befreiend, wenn man hier und da nicht so ernst genommen wird, wie man immer gern tut.

Und wenn ich inzwischen sogar darüber *lachen* muss, wenn ich von den mich umgebenden Damen mal wieder *hopps* genommen werde, dann merke ich sogar etwas ganz Besonderes: Dann fangen die Frauen sogar an, mich *ernst* zu nehmen. Wenigstens *ein bisschen* …

Tja, was soll man da machen?

Man muss sie eben *nehmen*, wie sie *sind*, diese geheimnisvollen Geschöpfe!

Aber *nehmen* muss man sie.

»Die Frau lacht, wann sie kann,
und weint, wann sie will.«
Französisches Sprichwort

Grund Nr. 15

Weil Frauen so schrecklich darunter leiden, von Männern nicht verstanden zu werden

Albert Einstein gilt – zumindest unter Männern – als außergewöhnlich *kluger* Mann. Und deshalb ist vielleicht *dieser Satz* von ihm für alle Männer, die auch nicht gerade *Dussel* sind, aber in Diskussionen mit Frauen in der Regel als verständnislose *Volltrottel* dastehen, eine winzig kleine Erleichterung: »Manche Männer versuchen, die Frauen zu verstehen, andere widmen sich leichteren Themen, zum Beispiel der Relativitätstheorie.« Aaah, er *sagt* es! ... Na bitte, wer sagt's denn!

Denn ehrlich, meine Damen: Schluss jetzt mit dem ewigen Gejammer! Schluss mit dem ausgeleierten und oh-so angenehm von allen Expertenseiten abgesegneten Standardvorwurf »Du *verstehst* mich einfach nicht!«

Ja, und? Das hat schließlich auch seine *Gründe*!

Sagen wir es doch mal so: Der Wunsch, *verstanden* zu werden, ist ja verständlich. Man muss dazu allerdings auch in der *Lage* sein, sich anderen gegenüber *verständlich* zu machen. Wenn man mit seinen *Funksignalen* in den männlichen Äther hinein auch wirklich *empfangen* werden will, dann muss man auch dafür sorgen, dass man a) weiß, auf welcher *Frequenz* man *selbst* sendet; und b) weiß, auf welcher Frequenz der *Empfänger empfangen* kann. Vorteilhaft für die Verständigung wäre es obendrein, wenn c) der Sender nicht *finnisch* spricht, während der Empfänger *französisch* versteht. Klar so weit? ... Zu *technisch*?

Dann ein *weiterer* Verständigungsversuch: »Zu *viel* plauschen die Weiber erst, wenn sie alt sind. Wenn sie jung sind, *verschweigen* sie einem zu viel«, erkannte ganz recht der österreichische Theaterschriftsteller Johann Nepomuk Nestroy. Meint, verehrte Damenwelt: Wer von Männern *verstanden* werden will, muss ihnen auch etwas *sagen*! Und zwar klar und deutlich!

Und nicht nur in vorsichtigen, schwammigen *Andeutungen* und zögerlichen, nebulösen *Randbemerkungen* vor sich hin kommunizieren, die der Mann dann hoffentlich schon richtig *interpretieren* und *deuten* wird.

Aber das tut ihr ja schon? Und werdet trotzdem nicht verstanden? Nun, dann sollte man vielleicht, bevor man die Schuld mal wieder bequemlichkeitshalber beim anderen Geschlecht sucht, eine ganz normale und rein *menschliche* Erkenntnis in Erwägung ziehen. So wie es eine sehr kluge Frau tat, die wirklich *extrem* gut artikulieren konnte und auch wusste, dass ich mir *alle Mühe* gebe, sie mit offenen Ohren und noch offenerem Geist und Herzen zu verstehen. Und die trotzdem irgendwann in ihrem Selbsterklärungsversuch innehielt und mir seufzend gestand: »Meine *Gedanken* und mein ganzes *Innenleben*, das ist teilweise *so kompliziert* und *feinverästelt* ... manchmal ist das alles eben *einfach* nicht mehr *mitteilbar.*« – Ja, so ist es eben manchmal.

Und als ich aus Frauenmunde das erste Mal den Satz hörte: »Ach, *manchmal* versteh ich mich *selbst* nicht«, da fiel mir endgültig ein Wackerstein vom Herzen. *Versteht* Ihr?

Und deshalb halte ich es lieber mit Oscar Wilde, der auch nicht gerade als verständnisloser Idiot gilt: »Frauen sind da, um geliebt, nicht um verstanden zu werden.« – Genau.

Und wo wir gerade darüber sprechen, meine Damen: *Ihr* versteht die *Männer* doch manchmal *genauso wenig*! Und das ist auch gar nicht schlimm. Denn nach rund 1000 Stunden Beziehungsdiskussion auf teilweise höchstem Niveau (ca. 2,3 Promille) bin ich zu der Einsicht gelangt, dass ich für meinen Teil auch gar nicht mehr unbedingt verstanden werden *will.*

Mir reicht es inzwischen völlig, wenn ich in den für Frauen unverständlichen Teilen meiner Art einfach nur *akzeptiert* werde. Aber *das* dann, bitteschön, von *ganzem Herzen.*

»Drei Arten von Männern versagen im Verstehen der Frauen: junge Männer, Männer mittleren Alters und alte Männer.«
Irisches Sprichwort

Grund Nr. 16

Weil Frauen immer das Beste aus uns Männern herausholen

Ich will doch nur dein *Bestes!*«, sagen ja gern schon unsere Mütter. Und unsere Frauen *sagen* es zwar nicht, aber das *brauchen* sie auch nicht, denn das wissen wir ohnehin: Auch *sie* wollen immer *nur* unser Bestes, holen das Beste aus einem Mann heraus – und sei es nur das, was er zwischen den Beinen in einem kleinen Säckchen mit sich spazierenträgt.

Ja, immer wollen die uns so liebenden Frauen, dass wir unser Allerbestes geben: im Sport, im Beruf ... und natürlich auch in der Kunst. Und das natürlich nicht *uneigennützig*. Sondern auch zu ihrem *eigenen* Besten. Denn das Beste, das ist ja wohl klar, sollen wir Männer natürlich für die *Frauen* machen: Musik und Filme, Gedichte und Geschichten, Fotos und Gemälde.

Und natürlich Bücher wie *dieses* hier.

Ja, weiß Gott, sie holen wirklich *alles* aus uns heraus. Und wenn wir es ihnen nicht *freiwillig* geben, dann verlassen sie uns.

Und vor lauter Liebeskummer schaffen wir *endlich*, ihnen zu sagen, was wir *wirklich* für sie empfinden: Worte, Sätze, Zeilen, Töne, Melodien, Klänge ... ja, wir Männchen werden *kreativ* im Leiden.

Und die Weibchen, die uns überhaupt erst in dieses schmerzhafte Elend *gestürzt* haben, ergötzen, erbauen und erfreuen sich dann sogar noch an unseren Werken: »Jaaa! Er *liebt* mich! Die Männer *lieben* uns!« Und dann, haben wir ein Glück, lieben sie uns *Männer* auch wieder.

»Man tut das meiste im Leben,
auch wenn man andere Gründe vorschützt, der Frauen wegen.«
Hermann Hesse

Grund Nr. 17

Weil Frauen es wagen, erwachsene Männer ›Olli‹, ›Svenni‹ oder ›Günni‹ zu nennen

Ich weiß! Was soll man von Menschen, die einen Kühlschrank ›Kühli‹, einen Aschenbecher ›Aschi‹ und stinkenden Knoblauch zärtlich ›Knobi‹ nennen, schon anderes erwarten?

Aber warum machen die Frauen das auch mit unseren ehrenwerten Vornamen? Weil sie uns so *lieben*? Weil sie eben irgendwie *anders* sind als wir? Oder etwa, weil sie uns damit insgeheim zu niedlichen *Kuschelteddys* degradieren wollen?

Denn Vorsicht, Männer, ich ahne diesbezüglich Schlimmes: Je lächerlicher Dein Kosename, den Du seufzend akzeptierst, desto mehr wirst Du auch in ihren Augen zu einem belächelnswerten Zwerg. Und das Zwergenhafte betrifft vielleicht sogar *alle* Körperteile! Ja: Je *verniedlichender*, desto *schrumpf* …

Aber in einer Welt, wo selbst waschechte Kerle wie wir ihre größten Helden ›Schumi‹, ›Poldi‹ oder sogar ›Schweini‹ nennen, haben wir da eigentlich etwas Besseres verdient?

Was mich aber diesbezüglich noch mal ganz besonders interessieren würde: Trifft dieses anscheinend unvermeidliche weibliche *Verniedlichungs-Schicksal* eigentlich nur uns *einfache* Männer? Oder mutieren etwa auch dynamische Topmanager, einflussreiche Politiker und mächtige Multimilliardäre zu solchen niedlichen Keksmännchen, sowie sie mit ihrer Liebsten allein unter vier Augen sind? Und trifft dieses Schicksal etwa sogar auch hochseriöse Schriftsteller, ehrenwerte Männer des Geistes wie mich, die …

»Rittschi, *kommst* du mal eben kurz?«

»Ja, kleinen Moment, bin gleich *fertig* mit diesem Text hier!«

Wo war ich stehengeblieben? … Ach ja: Oh ja, *bitte*! Ich hoffe doch *sehr*. Denn *wenn* uns Männer diese Zuckerbrotpeitsche der Frauen schon trifft, dann trifft es uns hoffentlich *alle*.

Und nicht nur immer *mich* …
»Ritt-schiii! …«
»Ja-haaa, kom-meee! …«

»Solange du dem anderen sein Anderssein nicht verzeihen kannst, bist du noch weit ab vom Wege zur Weisheit.«
Chinesische Weisheit

Grund Nr. 18

Weil Frauen es sogar wagen, erwachsene Männer ›Mäuschen‹, ›Moppel‹ oder ›Mausebär‹ zu nennen

Manchmal lese ich die kleinen *Liebesanzeigen* in unserer Lokalzeitung. Und bin dann immer wieder baff, wenn ich lesen muss, was *erwachsene* Frauen ihren Kerlen für *Kosenamen* geben – und das noch in aller mitlesenden Öffentlichkeit! *Kuschelbärli* und *Engelschatz*, *Wollybär* und *Schatziklein*, *Mausepup* und *Drachilein*, *Pullerbärchen* und *Schmusemonster* … mein Gott, wie *schmusemonstermauseschön!*

Haben diese Paare eigentlich auch noch heißen, hemmungslosen *Sex* miteinander? Oder wird da unter rot-weiß-karierten Federbettchen nur noch *Löffelchen* mit *ohne Anfassen* praktiziert? Schon etwas seltsam, dieses supersüße Wortgekuschel.

Aber noch viel *seltsamer* kommt mir das hier vor: Einer meiner Freunde, ein kluger, charmanter Bursche, nannte seine erste Freundin ›Schnuffel‹. Das fand ich zwar auch nicht so toll, aber auch nicht schlimm. Aber dann, die Freundin verschwand irgendwann und eine neue kam, belegte er die nächste Dame seines Herzens, ein vollkommen anderer Typ Frau, mit dem Kosenamen ›Schnuffel‹. Und *irgendetwas* daran bereitete mir *leichte* Bauchschmerzen.

Und dann, war es bei der Dritten oder der Vierten – oder war es sogar schon Nummer fünf? –, da wurde mir das Prinzip plötzlich klar: Er nannte sie *alle* ›Schnuffel‹!

Und sie *alle* fühlten sich, als gäbe es nur *ein* Schnuffel auf der Welt. Nämlich *sie* … sein *ganz privates* Schnuffelschnuffel.

Ja, *dann* doch lieber ›Schmusemonstermausebär‹ – oder?

»Die Ehe ist die gegenseitige Zärtlichkeit von zwei Schleifsteinen.«
John Osborne

GRUND NR. 19

Weil eine Party ohne Frauen wie eine Wüste ohne Wasser ist

Irgendwann war ich plötzlich allein in dem kleinen Haus, in dem zuvor eine Frau und ich zu zweit gelebt hatten, und nach ein paar Wochen begann sich heimlich, still und leise irgendetwas Unbestimmtes, etwas wie eine seltsame Leere, ja, ein saugendes Vakuum-Gefühl in mir breitzumachen. Und ich kam auf die ebenso fantastische wie naheliegende Idee, doch mal wieder eine kleine Party zu veranstalten.

Aber nach hunderten wilder Feten mit Wein, Weib und Gesang wollte ich diesmal etwas Neues ausprobieren: eine Feier, zu der ich *nur Männer* einladen würde. Ein bisschen zu essen, viel zu trinken, auf der Terrasse ein Grill, im Garten ein Lagerfeuer und *nur Männer*. Nicht *eine* Frau – nein, *keine* Frau! Ein Experiment in 100 % frauenfreier Zone, ein wissenschaftlicher Laborversuch an echt lebendigen Männern.

Und an *guten* Männern: all meinen Freunden. Intelligente, humorvolle Männer mit interessanten Berufen: Der Comic-Künstler und der Ingenieur, der Musiker und der Oldtimer-Restaurator, der Schriftsteller und der Kunstschreiner, ja, meine Freunde würden sich bestimmt ausgezeichnet unterhalten und sich gegenseitig viel zu erzählen haben. Und um 23 Uhr, so hatte ich als kleinen Köder noch unten auf die Einladung geschrieben, sollte dann ja auch noch ein Bus mit … naja, sagen wir mal ›leichten Mädchen‹ kommen. *Sehr* leichten.

Um dann um neun ist die Bude voll und alle sind blendend drauf, der Grill ist an und die Flaschen sind auf, und es wird munter drauflosgeschwatzt. Und gefachsimpelt. Und noch mal gefachsimpelt. Und noch mal.

Aber dann, um halb zwölf, und der Bus mit den Mädchen kommt und kommt nicht, was wahrscheinlich daran liegt, dass ich natürlich weder Mädchen noch Bus bestellt hab, beginnen sich an meinen ahnungslosen Versuchskaninchen erste unübersehbare Symptome schwerer Entzugserscheinungen zu zeigen.

»Schöner Abend hier, Richard. Aber weißt du, was mir langsam irgendwie *wahnsinnig* fehlt?«, flüstert einer der Freunde mir ins Ohr. »So glockenhelles *Frauengelächter*, das aus der Küche zu uns herüberschwirrt.«

Und trotz unentwegter Halsbefeuchtung werden die Sätze meiner Gäste immer kürzer, immer leiser, und bald sitzen meine Männer gänzlich stumm auf der Terrasse und im Wohnzimmer herum. Und die in der Küche ohne jegliches Frauengelächter sehen ganz besonders glasig und apathisch aus. Und egal, was für geile Musik ich auflege, glaubt ihr, es fängt vielleicht mal *einer* an zu tanzen? – *Typisch* Männer.

Aber dann fällt zwei Freunden plötzlich ein, dass sie ja noch irgendwohin müssen, genau, und allen anderen fällt das auch plötzlich ein, und wieder hellwach und lebhaft greifen sie zu ihren Jacken und Mänteln und verabschieden sich ... und *natürlich* weiß ich, dass sie im Großraumtaxi jetzt direktemang nach St. Pauli fahren, um sich irgendwie irgendwo *Stoff* zu besorgen. *Irgendwas* Weibliches! So schrecklich schlimm hat der knapp drei Stunden lange und offensichtlich extrem schmerzhafte Frauenentzug ihnen schon zugesetzt.

Mein Gott! – Was für *jämmerliche* Waschlappen! Das wollen *Männer* sein? Ein paar entspannte, frauenfreie Stunden, und schon benehmen sie sich, als ob sie seit Tagen ohne Wasser durch die Wüste taumeln!

Und dann, wieder allein im Haus, muss ich plötzlich an X. denken. Dass ich die doch noch mal wieder anrufen sollte, und dass halb eins an einem Samstag bestimmt noch nicht zu spät ist, so vertraut sind wir ja irgendwie schon, und wer weiß, vielleicht werden wir ja irgendwann noch mal *viel* vertrauter miteinander, und warum eigentlich nicht heute noch und am besten jetzt gleich: »Hi, ich bin's ... Na, wie geht's? ... Und, wobei stör' ich dich? ... Ach ... Ja, komisch, ich bin auch grad allein ...«

Naja, und was soll ich sagen?
Es wurde noch ein *richtig* netter Abend.

»Okay, eine Frau ist schon was Feines, aber wenn du keine bekommst, fallen dir weder die Haare noch die Zähne aus.«
DASHIELL HAMMETT

Grund Nr. 20

Weil Frauen die besten Freunde eines Mannes sein können

Jawohl. Noch *vor* den Hunden. Glück gehabt, Frauen! – Aber nein, Scherz beiseite, Ernst, komm her. Denn wie lautet die düstere Allgemeinmeinung über dieses Thema? – »Männer und Frauen können *niemals* Freunde sein, der *Sex* kommt ihnen immer *dazwischen*!«

Quatsch. Das können nur Leute sagen, die bisher auch noch nichts anderes als Sex kennengelernt haben. Und von Liebe keine Ahnung haben. Geschweige denn von so etwas Wertvollem wie einer echten, *unverbrüchlichen* Freundschaft. Oder muss man als Mann etwa erst schwul werden, um eine Frau zum Freund haben zu dürfen?

»Freundin eines Mannes kann eine Frau nur werden, wenn sie zuerst seine Bekannte, dann seine Geliebte war«, meinte der russische Arzt und Schriftsteller Anton Tschechow herausgefunden zu haben. Und auch diesem klugen Mann möchte ich ausnahmsweise widersprechen.

Wenn eine Liebe zerbricht, dann lautet häufig der letzte Satz: »Lass uns *Freunde* bleiben.« – Ein verständlicher Wunsch. Das Problem ist nur: Man kann nicht befreundet *bleiben*, wenn man es vorher vielleicht noch gar nicht *war*. Sondern verliebt und vernarrt ineinander, versessen und verrückt nacheinander. Nicht gerade Zeichen einer *Freundschaft*.

Und bei solchen Paaren müsste der Satz eigentlich lauten: »Lass uns Freunde *werden*.« – Und das geht wiederum nur, wenn man miteinander nicht nur eine körperliche ›Beziehung‹, sondern auch eine geistige ›Bindung‹ hat.

Schweres Thema, nicht wahr? Wie *alles* zwischen Frau und Mann.

Ich zumindest weiß: Es geht. Mit und ohne Sex. Ein paar großartige Frauen sind meine Freunde. Und manchmal bessere noch als meine männlichen.

Weil ich sie nicht *beeindrucken* muss. Weil wir keine *Konkurrenten* sind. Weil sie mir mit weiblicher Kompetenz *Mut* machen, wenn ich mal an der Liebe verzweifle. Und natürlich, weil ich durch sie *neue Frauen* kennenlerne ... wenn's denn mal wieder *sein* muss.

Und ganz ehrlich: Irgendwie sagt mir mein Gefühl, dass nicht *eine* der Frauen, die ich meine Freundin nennen darf, mich je hängen lassen würde. Was, wenn es mal blitzschnell hart auf hart ginge, ich von jedem meiner männlichen Freunde nicht *unbedingt* erhoffen darf.

Tja, komisch. Wie kommt es bloß, dass ich bei Frauen so eine tiefe Gewissheit von Verlässlichkeit und Verbundenheit verspüre?

Kenne ich sie einfach besser als Männer?

Oder *sind* sie es einfach?

»Ein Mann sollte nur eine Frau heiraten,
die er auch zum Freund wählen würde, wenn sie ein Mann wäre.«
JOSEPH JOUBERT

Kapitel Drei

GEIST & GENUSS

»Gegen große Vorzüge eines andern
gibt es kein Rettungsmittel als die Liebe.«
Johann Wolfgang von Goethe

Grund Nr. 21

Weil Frauen nicht nur Kurven, sondern auch Kultur haben

Über die *Kurven* brauche ich Ihnen ja nichts zu sagen. So mancher hat mit Schwung sie schon befahren, so manchen hat's dabei schon rausgetragen – also zur Kultur.

Es war die Wohnung meiner *Mutter*, in der Bilder von Degas, Monet, Gauguin und Picasso an der Wand hingen. Und in der fast immer Musik lief, meist die wunderbare Maria Callas. Bei meinem *Vater* in der Wohnung standen nur Möbel und lief fast ausschließlich der Fernseher.

Mein Vater ging dienstags kegeln und donnerstags Skat spielen und nicht *einmal* mit mir ins Kino, aber meine Mutter nahm mich als kleinen Jungen erst mit ins Varieté, dann in eine Operette, dann ins Theater und dann in meine erste Oper: ›La Bohème‹. – Oh *Mann*, wie eiskalt war dies Händchen …

Und *das* war der Moment in meinem Leben, in dem ich mich entschloss, *auch* so ein Künstler in einem kalten Dachatelier zu werden. *Auch* ein Bohemien zu werden und leidenschaftlich Frauen zu lieben. Und *nie* Geld zu haben. Weil vor lauter Lieben und Leiden zum *Arbeiten* einfach keine Zeit mehr bleibt …

Chi *sono*? Sono un *poeta*! Che cosa *faccio*? *Scrivo*! E come *vivo*? *Vivo*! …

Kurz: Meine Mutter hat mich total verkitscht. Und ich kann nicht sagen, wie dankbar ich ihr dafür bin. Und heute, hier oben am Schreibtisch unterm Dach, höre ich unten im Haus die Frau auf dem Flügel Bach oder Liszt oder Schumann spielen. Ja. *Manche* Männer haben *wirklich* Glück.

»Ohne die Frau würde der Mann roh, grob, einsam sein und die Anmut nicht kennen.«
François-René de Chateaubriand

Grund Nr. 22

Weil Frauen sich so leidenschaftlich gern zum Lachen verleiten lassen

Als meine kleine Tochter das erste Mal lachte, als sie das erste Mal in ihrem Babyleben laut auflachte, nicht, weil sie gekitzelt wurde, sondern weil sie etwas als lustig erkannte, da wurde mir unglaublich warm ums Herz.

Sie kann *lachen*, dachte ich voller Glück. Sie lacht! Sie hat Humor! Oder wenigstens so was *Ähnliches* ...

In diesem Moment wurde meine Tochter, die ich bis dahin schon als Göttergeschenk empfunden hatte, in meinen Augen zu einem vollkommenen Menschen.

Als kleiner Junge war ich selten heiter. Dachte, es gibt nur *eine* Welt und die muss man *ernst* nehmen. Heute kann ich *nichts* mehr ernst nehmen, über das ich nicht auch lachen darf. Nicht mal mehr mich selbst.

Ein *Glück*. Und sein geliebtes Gegenüber zum Lachen zu bringen, ist ein noch viel größeres Glück. Wenn Du Deine Frau liebst, kannst Du kein anderes Bedürfnis haben, als sie möglichst oft lachen zu hören.

Und deshalb mochte ich auch nie den Spruch »Im Bett gibt's nichts zu lachen.« – Echt? Ja, *warum* denn nicht?

Irgendwann, in einem ganz vertrauten Moment, in dem wir über die Liebe und das Bett sprachen, sagte meine Mutter zu mir: »Findest du *auch*? ... Ja, das ist *wunderbar*. Das ist das *Allerschönste*: Wenn man dabei auch noch zusammen *lachen* kann!«

Ja. Das ist göttlich.

Vielleicht ist *das* ja das Gelächter der Götter.

»Am liebsten erinnern sich die Frauen an die Männer, mit denen sie lachen konnten.«
Anton Tschechow

Grund Nr. 23

Weil Frauen diejenigen sind, die die Bücher lesen

Jeder weiß es: Wenn jemand Bücher kauft, dann sind es Frauen. Und viele dieser Frauen *lesen* die Bücher sogar! Und wenn es nicht nur dicke Schnulzen-Schmöker für den Urlaubsstrand sind, lernen sie auch viel daraus.

Denn mal ehrlich: Nichts in der Zeitung oder in Zeitschriften, nichts in Radio oder Fernsehen ist so persönlich und privat, dass es als echte Lebenshilfe brauchbar wär. Naturgemäß geht es in diesen Medien für alle auch meist nur um das Allgemeine.

Aber manchmal braucht man eben gerade das Spezielle! Weil man eben selbst nicht nur wie *alle*, sondern tief im Inneren drin auch sehr *speziell* ist – oder? Aber *hallo* …

Und nur in *Büchern* verraten andere Menschen ihre geheimsten Gedanken und Gefühle. Gestehen ihre Sorgen und ihre Ängste. Offenbaren ihre tiefsten Abgründe und ihre sehnlichsten Wünsche.

Für mich gibt es auch heute noch nichts Besseres als Buchstaben, um etwas über andere Menschen und das Leben auf der Welt zu erfahren. Worte, Sätze, Geschehnisse und Erlebnisse, egal, ob aus Büchern oder aus Blogs – Hauptsache, offen und aufrichtig.

Aber weil wir ja nicht nur *lesen*, sondern auch *leben* sollen, erfährt man die Geheimnisse des Lebens am liebsten immer noch aus dem Mund einer klugen Frau.

Komm, erzähl mir was, Du wunderbares Hörbuch auf zwei Beinen …

»Männer werden ohne Frauen dumm,
und Frauen welken ohne Männer.«
Anton Tschechow

Grund Nr. 24

Weil Frauen einfach mehr Ahnung von Chemie haben als Männer

Wie bitte? Frauen und *Chemie*? Die *AlchemistInnen*? – Ja. Genau! Und zwar in der *Menschen-Chemie*. In dem Unergründlichen, was zwischen Mann und Frau in einem brodelnden Nebel aus tausend verschiedensten Ingredienzen so wallt und wabert, zischt und knallt und manchmal eben auch stinkt.

Denn in den Naturwissenschaften, in der Technik, an ihrem heimischen Computer geben Männer sich zwar gern mit kompliziertesten, vielschichtigsten Mechanismen und Reaktionen ab. Von Menschen aber und ihren Beziehungen, die sie untereinander eingehen, erwarten sie Einfachheit.

Wieso eigentlich? Weil sie *selbst* eher einfach sind?

Nein. Aber weil ›einfach‹ einfach *gemütlicher* ist.

Und bequemer.

Denn Männer, so scheint es mir manchmal, besonders, wenn ich mich *selbst* betrachte, wollen das Leben gern möglichst *simpel* haben. Klar und übersichtlich. Eindeutig und berechenbar. Folgerichtig und zuverlässig. Schwarz *oder* weiß (wie in ihren Klamotten). An *oder* aus (wie bei ihren Autos). Eins *oder* Null (wie bei ihren Computerprogrammen). Gut *oder* böse. Geil *oder* scheiße. Ja *oder* nein. Aber *bitte* kein ›vielleicht‹ …

Das meiste zwischen Menschen aber, Frauen wissen das, weil sie selbst so sind, liegt in tausend Grautönen *zwischen* den Extremen. Und damit versteckt im dichten Nebel des ›Sowohl als auch‹ und noch viel mehr: Eine sensible Powerfrau? Eine treue Schlampe? Und ein mütterlicher Vampir? Alles im Angebot. Ein knallharter Softie? Ein mimosenhafter Macho? Und eine total aufregende Trantüte? Alles ist in allem drin.

Es ist wie in der Astrologie: »Glaubst du etwa *wirklich*, man kann alle Menschen in *12 Schubladen* einsortieren?« ist der

Standard-Zweifelspruch, wenn die Rede darauf kommt. Nein. Aber dann kommt der *Aszendent* dazu, und schon sind es über 100 Möglichkeiten, und in welchem Zeichen stand noch mal Dein *Mond*? …

Und schon ist das Leben wieder so bunt wie ein Chemie-Baukasten. In dem man fröhlich *das* mit *dem* und *dem* vermischt und … Päng!

Oder eben – *nicht* so schön – *nicht* Päng.

Naja, dann war es eben keine *Liebe*.

Na und? Nächster Versuch!

»Die einzige Hoffnung auf Freude liegt in den menschlichen Beziehungen.«
ANTOINE DE SAINT-EXUPÉRY

Grund Nr. 25

Weil Frauen auch in allergrößter Not immer einen brauchbaren Rat wissen

Als einmal alles über mir zusammenbrach, das Leben schiefging und eine Frau mir untreu wurde, als irgendwann nach Streit und Geschrei zur Abwechslung einmal ich selbst in Tränen ausbrach und mein Unglück laut schreiend bejammerte, dass es mir selbst schon peinlich war, da, ich gestehe es, da kroch ich in meiner übermächtigen Verzweiflung wie ein kleiner Junge zum Telefon, rief meine Mutter an und weinte ihr mein Elend in den Hörer.

Und sie hörte schweigend zu. Und sagte dann: »Ich weiß. Denk jetzt nicht mehr daran, hör auf zu weinen und tu einfach irgendwas. Tu *einfach* das *Nächstliegende*. Irgendwas. Tu einfach das Nächstliegende, mein Junge: Wasch ab. Saug Staub. Mach nur *irgendwas*. Das hilft. Glaub mir.«

Goldene Worte einer erfahrenen Frau.

Denn man ist wirklich nicht schlecht beraten, wenn man – noch mitten im freien Fall hinunter in seinen tiefsten Abgrund – einfach wieder damit anfängt, weiterzumachen. Weiter abzuwaschen, weiter staubzusaugen oder weiter Nägel in die Wand zu schlagen.

Wenn man *einfach* weitermacht. Einfach stumpf weitermacht. Bis der Kopf langsam wieder klarer wird und das Herz langsam wieder heller. Und das Leben und sogar die Frauen zwar langsam, aber dafür auch todsicher wieder schöner und schöner werden. Danke, Mutter.

»Es wechselt Pein und Lust.
Genieße, wenn du kannst, und leide, wenn du musst.«
Johann Wolfgang von Goethe

Grund Nr. 26

Weil Frauen sich nicht scheuen, auch unangenehme Wahrheiten auszusprechen

Manchmal, in schwachen Momenten, gefallen mir bestimmte Frauen allein *deshalb*, weil es unübersehbar ist, dass *ich* ihnen gefalle. Aber irgendwie wird es nie etwas Ernstes zwischen uns. Wahrscheinlich, weil wir, was *mich* betrifft, zu sehr einer positiven Meinung sind. Denn ich weiß inzwischen, wie ich *noch* bin …

Was unter Männern gern als Freundschaftsregel Nr. 1 gehandelt wird (»Ein *echter* Freund muss bereit sein, einem anderen Freund auch *unangenehme Dinge* zu sagen!«), wird in der Regel lieber theoretisch praktiziert. Beziehungsweise lieber gar nicht. Denn in einer üblichen Jungs- oder Männerclique wird Dich *keiner* auf Dein bekloptes Verhalten hinweisen.

Männer untereinander kritisieren sich ungern persönlich. Schließlich sind wir ja alle *toll*. Oh ja. Die gemeinen Arschgeigen *applaudieren* einem Gruppenclown sogar noch, damit er sich, von allen angestachelt, möglichst *noch mehr* zum Deppen macht … und *sie* die *Jobs* und die *Frauen* abstauben, die *Du* mit Deinen völlig unangebrachten und unmöglichen Aktionen *nie* bekommst.

Und dann bist Du allein.

Aber wenn Du Glück hast, weil Du nicht *nur* ein Trottel bist, sondern auch ein *liebenswerter* Trottel, dann guckt sich eine gute Frau das Elend an und sagt Dir ein paar Sätze ins Gesicht, die zwar sehr *weh* tun, aber die einzige Medizin sind, um Dir darüber Klarheit zu verschaffen, was sich an Dir dringend *ändern* muss:

»Richard, du bist ein *totaler Spinner.*«

»Richard, ehrlich: Du bist ein *eingebildeter Idiot.*«

»Richard, wirklich: Manchmal bist du *echt* ein *Arschloch.*«

Und was soll ich sagen? – Für einen *winzigen* Moment, um ehrlich zu sein, hatte ich mich manchmal *tatsächlich* einer gewissen spinnerten, idiotischen Arschlochigkeit genähert. Und gab mir, durch eine ruhige, freundliche Frauenstimme sanft mit der Nase in den eigenen Dreck gestuppst, fortan alle Mühe, diese Momente wenigstens *seltener* werden zu lassen.

Tja, das ist eben dieses geheimnisvolle, weibliche Geschick: jemanden zu *erweichen*, ohne ihn gleich komplett *aufzulösen*. Einen *Knoten* in seiner Brust zu lösen, *ohne* gleich das ganze Seil durchzuschlagen, das denjenigen in seinem Innersten zusammenhält.

Und so was ist wohl nur mit viel Zuneigung und noch mehr Einfühlungsvermögen möglich.

Und einem *Hauch* von Liebe.

»Es gibt nichts Schöneres, als geliebt zu werden,
geliebt um seiner selbst willen – oder vielmehr trotz seiner selbst.«
VICTOR HUGO

Grund Nr. 27

Weil man mit Frauen so sensationell gut reden kann

Komisch: Normalerweise sagen so was *Frauen* über *schwule Männer*. Nun sagt es ein heterosexueller Mann über die Frauen. Ja, *bin* ich eigentlich überhaupt ein *Hetero*, wenn ich doch so gern mit Weibern rede?

Oh doch, ich bin es sogar sehr! Denn ich habe eine typisch schlechte *Männereigenschaft* dabei: Ich kann immer nur sehr ungeduldig abwarten, bis mein Gegenüber *ausgeredet* hat, damit endlich wieder *ich* meinen Monolog halten kann. Peinlich. Wie viel angenehmer im Gespräch sind da die Frauen: Weil sie in Ruhe zuhören, ohne wie die meisten Männer hippelig und nervös darauf zu warten, bis sie endlich wieder *selbst* ihren Senf zum Gespräch dazugeben können.

Und: Die meisten Frauen reden nicht nur – wie viele Männer – ausschließlich über *das*, was sie *gemacht* oder *gesehen* oder *gehört* haben. Sondern auch darüber, was sie dabei *gedacht* und *gefühlt* und *empfunden* haben. Wie interessant!

Und dann, vielleicht das Wichtigste: dass Worte zwar viel *bedeuten*, aber der *Ton*, in dem sie ausgesprochen werden, noch viel mehr. Ja, dass der Ton über die Bedeutung manchmal einfach alles aussagt ...

Und dann kann man irgendwann auch die Worte *weglassen* und *nur* noch Töne machen. Sich gegenseitig kleine sinnlose *Satzmelodien* ins Ohr flüstern. Und endlich ganz den Mund halten, weil die stummen Lippen sich sacht berühren und nun die Hände sprechen. Und *dann* der ganze wunderbare *Rest*.

»Ein Mann, wenn er ein Mädchen noch so liebt,
wird niemals sie ohne eine große Menge von Worten gewinnen.«
Kamasutra

Grund Nr. 28

Weil man mit Frauen so sagenhaft schön schweigen kann

Zum Beispiel, wenn man zu zweit an einem einsamen Strand spazieren geht. Und ohne Worte dieselben Dinge entdeckt, schön findet und gemeinsam näher betrachtet.

Oder wenn man die glühende Sonne hinter dem Horizont versinken sieht. Und wie in magischer Verbundenheit dieselben Gefühle verspürt und tief ausatmen und leise aufseufzen muss vor lauter Wonne.

Und man dann voneinander spürt und sich stillschweigend einig ist, dass man gleich miteinander ins Bett gehen wird. Und schon allein bei dem *Gedanken* daran ganz glücklich ist.

Und weil es dann so unsagbar schön ist, wenn die Körper sich alles gesagt haben, was so dringend mal wieder gesagt werden musste, und das Schweigen danach so unfassbar beredt ist, dass man schon aus lauter Ergriffenheit darüber so gern den Mund hält.

Denn angesichts von derart Mystischem stellte schon der berühmte Sprachphilosoph Ludwig Wittgenstein ganz richtig fest: »Wovon man nicht sprechen kann, darüber muss man schweigen.«

Weil Worte schließlich nichts von dem, was gerade geschehen ist, auch nur annähernd beschreiben könnten. Und weil ja auch wirklich *alles* gesagt und deshalb auch so *unendlich* tiefer Frieden in uns ist.

Es gibt allerdings auch Männer, so befürchte ich, die denken, sie würden allein deshalb bedeutsam wirken, weil sie *immer* schweigen. *Grundsätzlich* nichts sagen. Weder vor, während oder nach dem Geschlechtsverkehr. Weil ja ihre Comic-, Kino- und Computergame-Helden schließlich *auch* immer schweigend ihre lebensgefährlichen Abenteuer bestehen. Und diese Männer deshalb dem gusseisernen Gedanken huldigen, mit »Hasta la vista, Baby!« sei gegenüber einer Frau *eh* schon mehr als genug gesagt.

Seid gewarnt, Männer! Vor, im und nach dem Bett kein Wort zu sagen und heroisch stumm seine schweißtreibende Arbeit zu verrichten, ist besonders *dann* nicht mehr so irrsinnig beeindruckend, wenn der Dame da neben, unter und vor euch so langsam, aber todsicher schwant, dass dieser Typ da neben, auf und hinter ihr *sowieso* nichts zu sagen hat.

Weil ein *hohler* Kopf sich eben auch nur schwerlich *entleeren* kann.

Comprendes?

Bueno!

»Die Liebe beginnt da, wo das Denken aufhört.«
MEISTER ECKHART

Grund Nr. 29

Weil Frauen auf alles in ihrem Gesicht aufpassen, nur auf ihre verräterischen Mundwinkel nicht

Viele Frauen bemühen sich darum, wie ein ewig lächelndes Foto von sich auszusehen. Versuchen, 24 Stunden am Tag so dreinzuschauen, als ob sogar nachts die Sonne in ihnen scheint. Irgendwie finde ich das liebenswert. Aber gleichzeitig auch bemitleidenswert. Wie sie mit diesem Kunstlächeln versuchen, sich strahlend zu erhalten – möglichst ein Leben lang.

Aber das Leben lässt auch von diesen Damen nicht mit sich spielen. Und hinterlässt von Jahr zu Jahr deutlicher werdende Spuren in ihren Gesichtern. Und ich spreche dabei nicht von Fältchen und Falten. Sondern von den verräterischen Mundwinkeln.

Irgendwann, nach vielen, vielen Irrtümern, konnte ich auf einmal in Frauengesichtern lesen wie in einem offenen Buch. Und ich weiß nicht, wie es kam, aber über so manch schönem Gesicht, auf das ich kurz zuvor noch geflogen wäre, tauchte nun plötzlich eine Comic-Sprechblase auf, in der das Wort ›Probleme‹ stand. Und wenn ich dieses Wort in Gedanken laut las, hörte es sich noch viel warnender an: »Pro-*bleee*-me!«

Seitdem weiß ich manchmal *mehr* über eine Frau, als ich eigentlich wissen *will*. Und dafür brauche ich nur auf ihren Mund zu schauen. Denn entspannt sich in einem unbeobachtet geglaubten Moment ihr künstliches Lächeln auch nur für einen winzigen Moment, und sehe ich dann, wohin ihre Mundwinkel wandern, weiß ich sofort, wie es um diese Frau in Wirklichkeit bestellt ist.

Entspannt sich ihr Mund in die Breite, ziehen die Mundwinkel und die Linie zwischen den Lippen einen makellosen Horizont durch ihr Gesicht oder ist sogar eine sanft spöttische Kräuselung der Lippenlinie in seiner Mitte zu erkennen, so ist diese Frau innerlich leicht und gelöst. Und die See der Liebe sanft und entspannt mit ihr zu befahren.

Zieht es aber ihre Mundwinkel und mit ihnen die gesamte Lippenlinie in einem engen Bogen herab wie eine Mondsichel, die auf dem Bauch liegt, so hab acht! Die ungepflückten Trauben dieser Rebe am großen weiblichen Weinstock des Herrn sind sauer geworden. Vom Leben und der Liebe enttäuscht, wahrscheinlich schon resigniert, vielleicht sogar bereits verbittert. Und wenn ich *das* sehe, wird auch *mir* immer ganz grau ums Herz.

Und wenn dann Mundwinkel und Lippenbogen in einem kleinen Kraftakt wieder zurück ins gusseiserne Frohsinns-Lächeln sich erheben, würde ich derartig tieftraurige Frauen immer am liebsten tröstend in die Arme nehmen. Wüsste ich nicht: Es ist zu spät.

Denn sind erst mal die Mundwinkel gefallen, dann sind es auch die Würfel. Und in diesem Spiel gibt es für niemanden mehr Liebe zu gewinnen.

»Teile niemals dein Bett mit einer Frau,
die mehr Sorgen hat als du.«
NOAH ZU EINEM SEINER SÖHNE IN ›ARCHE NOAH‹

Grund Nr. 30

Weil Frauen einfach besser lügen können als Männer

Das ist ein Grund, Frauen zu lieben? Oh ja! Denn die *meisten* Lügen der Frauen zielen ja schließlich in unsere *Richtung*. Und dann möchte man doch auch wenigstens *etwas* verwöhnt werden – oder?

Denn wir Männer lügen doch immer so *schrecklich* einfallslos:

»Es ist nicht so, dass ...«

»Glaub nicht, ich tu das, weil ...«

»Ich will wirklich nicht, dass ...«

Oh, Mann, wie *durchsichtig*! Wirklich! Man braucht nur jeweils das Wort ›nicht‹ in dem Satz zu streichen und schon liegt die ganze, vorher nur notdürftig verhüllte Wahrheit wieder splitterfasernackt auf dem Tisch. Ja, achten Sie mal drauf! Es ist wirklich *unglaublich* einfallslos.

Doch zurück zu den Frauen: Lügen sie wirklich so viel?

Abgeklärte Männer wie der französische Schriftsteller Anatole France meinen zu wissen, wie Frauen beschaffen sind, und wundern sich nicht mehr: »Eine Frau ist ehrlich, wenn sie keine überflüssigen Lügen sagt.« – Hm.

Der österreichische Schriftsteller Georg Stefan Troller glaubt sogar zu wissen, *warum* Frauen lügen: »Sie müssen ja lügen. Sie können die Wahrheit nicht sagen, weil ihre Wahrheit eben ist: Das Einzige, was zählt, ist die Liebe bis in die Unendlichkeit hinein.« – Hm-hm.

Und ahnungslose naive Kerlchen wie ich? Ich war einfach nur fix und fertig, als ich erkennen musste, dass und wie oft Frauen lügen, und dankte dem amerikanischen Schriftsteller John Steinbeck für sein Mitgefühl: »Er fiel glatt dem ältesten Trugschluss der Welt zum Opfer, der Überzeugung, das Mädchen, das man liebt, könne überhaupt nicht anders sein als wahr und ehrlich.« Ach-ach.

Heute bin ich dank der Damen klüger. Und bin ihnen sogar ein bisschen dankbar. Denn ich habe von Frauen schon so dermaßen perfekte Lügen serviert bekommen, die waren so dicht gestrickt und stabil wie eine Hängematte. So dass ich mich in ihnen noch eine gewisse Weile in Sicherheit wiegen konnte.

Denn die ungeschminkte Wahrheit, so weiß ich heute, hätte ich zu den Zeitpunkten der Lügen garantiert nicht ertragen, ohne tot umzufallen: »Ich ficke mit einem *anderen*, der mir besser *gefällt* und der mir mehr *gibt* als *du*, du selbstgefälliger Langweiler.«

Ja, schon *geheimnisvolle* Wesen, diese Frauen. Selbst wenn sie Dich nach Strich und Faden betrügen und belügen, bleiben sie Dir doch immer noch ein wenig treu.

»Eine Frau kann nur von einer Frau durchschaut werden.«
Honoré de Balzac

Kapitel Vier

KÖRPER & SCHÖNHEIT

»Alles an dir ist schön, meine Freundin,
kein Makel haftet dir an.
Honigseim träufeln deine Lippen, meine Braut,
Milch und Honig sind unter deiner Zunge.
Der Duft deiner Gewänder ist wie des Libanons Zederduft.«
König Salomo

Grund Nr. 31

Weil Frauen die schillerndsten Erscheinungen sind, die es auf der Welt zu bestaunen gibt

Haben Sie jemals staunend einen Regenbogen betrachtet? Sich beeindruckt über einen Schmetterlingsflügel gebeugt? Ja, selbst den Körper einer Schmeißfliege in seiner schillernden Pracht bewundert?

Waren Sie je begeistert von den Blütenorgien eines Blumengartens, den Tuschkastenfedern eines Tropenpapageis oder dem unfassbar bunten Unterwasser-Universum eines Korallenriffs?

Ja. Jaja. Ganz hübsch. Aber *dann* kommt eine *Frau* vorbei …

Das weibliche Geschlecht hat die Natur um sich herum nicht nur *studiert*, sondern auch *inhaliert*. Und das nur zu einem einzigen Zweck: um sie zu übertreffen. Denn Frauen wollen nicht nur *auch schön* sein – sie wollen die Schönheit *selbst* sein.

Schminke, Kleider, Schuhe. Farben, Stoffe, Accessoires. Eine einzige Maskerade, ein unerschöpfliches Kostümfest, ein lebenslanges Rollenspiel.

Und wozu das ganze glitzernde Spiel? Um uns zu irritieren? Um uns zu amüsieren? Oder vielleicht wirklich, wie Frauen immer behaupten, um uns Männern zu *gefallen*?

Ja. Und natürlich, um *andere* Frauen zu *ärgern*.

Aber eines bitte nie vergessen, meine Damen: Wenn die Maske um Mitternacht fällt, sollte das Gesicht dahinter umso echter sein. Denn was man morgens auf dem Kopfkissen neben sich findet, braucht wirklich nicht mehr buntschillernd, sondern nur ein einfacher Mensch zu sein.

»Ich denke, Sie ham 'n ganz hübsches Gesicht unter der Schminke da. Warum wischen Sie das Zeug nicht einfach ab und sehen gut aus?«

James Stewart zu Marlene Dietrich in ›Der grosse Bluff‹

Grund Nr. 32

Weil Frauen so vorbeigehen können, dass Männer stehen bleiben müssen

Günther, fragte ich den Freund, Günther, was bringt dich bei Frauen am *meisten* um den Verstand? – »Frauen, die ihren Hintern schlingern beim Gehen und durch die Gegend stöckeln, als gäb's kein Morgen mehr«, antwortete der Freund, ohne lange zu überlegen.

Genau. Aber es ist nicht *nur* der Hintern, zumindest nicht der Hintern *allein*, es ist der gesamte Körper und sein Geist und alles, was dahintersteckt, wenn Frauen *so* vorübergehen, dass Männer einfach *stille* steh'n ... und nur noch *seh'n*.

Und es nicht fassen können, dass man sich so anmutig und gazellenhaft durch diese Großstadtwildnis bewegen kann. Frauen streifen durch die Straßen, sie schnüren durch die Gassen und meist gehen sie ihren Jägern durch die Lappen. Denn sie sind so flink und elegant! Wen wundert's, wenn sie auch Haken wie die Hasen schlagen können? So viel Charakter liegt im Gang der Frau, so federnd und kraftvoll, so entschlossen und schnell ist der der Frau, und so federleicht und springend der Schritt der Tochter. Ach, was für ein schlanker, ranker Gang ...

Und was *sagt* uns der Gang einer Frau? Wie eine Frau sich *fühlt*. Und deshalb gibt es so viel zu sehen, wenn eine Frau vorbeigeht: Wie sie schreiten und sich schlängeln, wie sie schlendern und stolzieren. Und wie sie lustwandeln oder einfach nur lässig flanieren. – Und wir Männer? Dackeln einfach immer dem Glück hinterher.

»Wie schön sind deine Schritte in den Schuhen, Tochter des Edlen!
Die wippenden Wölbungen deiner Hüften
sind wie Halsgeschmeide, gefertigt von Künstlerhand.«
König Salomo

Grund Nr. 33

Weil an Frauen glücklicherweise nicht nur ihr Hintern sehenswert ist

Ganz ehrlich, ich verstehe nicht, was um die Hinterteile der Menschen für ein Gewese gemacht wird. Ich zumindest kann an Ärschen nichts außergewöhnlich Interessantes entdecken.

Manchmal fragen mich Frauen dann: »Was, du *interessierst* dich nicht für Ärsche? Dir ist es *egal*, was eine Frau für einen Hintern hat?« Und dann drehen sie sich sogar extra noch mal um und zeigen mir ihre zugegeben perfekt geformten, prallen Hinterbäckchen. Und ich spüre: Irgendwie fühlen Frauen sich durch so eine Äußerung gekränkt.

Frauen wollen schließlich für *alles* geliebt werden! Auch für ihren Arsch! Selbst die klügsten!

Aber das *werden* sie ja auch. Manchmal sogar *ausschließlich* … Kürzlich hockte ich mit einem alten Freund zusammen, und wir tranken und redeten über unsere Liebe zu den Frauen. Und als ich irgendwann mit ›Geistesfreundschaften‹ und ›Seelenverwandtschaften‹ in hochromantischen Wolkenhöhen entschwunden war und der Inhalt der Flaschen tief in uns, da schaute mein Freund mich glasig, aber doch sehr bei sich an und sagte aus vollem Herzen: »Ach was. Alles Quatsch! Was *ich* will, das ist ein schöner, dicker *Arsch*!«

Tja. Wahrscheinlich gehört er zu der Sorte Männer, die sich an Frauen am liebsten von *hinten* ranrobben. Und da auch gerne bleiben.

Wohingegen ich zum Beispiel mich Frauen ja eher gern von *vorn* nähere. Dann kann man *immer* noch weitersehen …

Aber wenn ich jetzt manchmal auf der Straße im Vorbeigehen von einem extrem verheißungsvoll wackelnden Hintern unter extrem wenig Bekleidung hoch in ein extrem zugemaltes Gesicht schauen muss, dann hat mein Freund als bekennender A-tergo-

Fan ja leider auch nicht so *ganz* unrecht: Manche Frauen zeigen anscheinend lieber ihren nackten Arsch als ihr unbekleidetes Gesicht.

»Wenn eine Frau zu reichlich geschminkt und zu spärlich gekleidet ist, ist das immer ein Zeichen von Verzweiflung.«
Oscar Wilde

Grund Nr. 34

Weil Frauen Augen haben, in denen Männer ertrinken können

Ich weiß nicht, aber bei den *Augen* der Frauen wird der Lobgesang für meinen Geschmack oft hemmungslos übertrieben. Oder haben *andere* Männer nur einfach bessere *Augen* als ich? »Es gibt Männer, welche die Beredsamkeit weiblicher Zungen übertreffen. Aber kein Mann übertrifft die Beredsamkeit weiblicher Augen«, schwärmte schon der griechische Philosoph Demokrit.

Ja, ich höre ja auch immer wieder davon, beziehungsweise lese in schlechten Liebesromanen, was es in Frauenaugen alles zu entdecken gibt: Brennende Lust! Flammende Leidenschaft! Oder lodernder Hass! Wahnsinn.

Aber *ich* muss da leider passen. Ich kann in den Augen der Frauen nichts anderes erkennen außer eben der Farbe. Und selbst bei diesen Feinheiten komme ich nicht ins Schwärmen: Augen so grün wie das unergründliche Meer? Augen so blau wie ein kristallklarer Bergsee? Augen so braun wie ein frisch aufgewühlter Baggersee? Sorry, aber mich lässt das alles kalt.

Nur wenn ich die *Besitzerin* zweier Augen liebe, und all ihr Drum und Dran, ihr Außen und ihr Innen, ja, dass ich *dann* bei einem Blick in ihre Augen wie willenlos darin *versinke* und *ertrinke* … ja, *das* schon!

Aber *reicht* das als Lobgesang?

»Liebe besteht nicht darin, dass man einander ansieht, sondern dass man in die gleiche Richtung sieht.«
Antoine de Saint-Exupéry

GRUND NR. 35

Weil Frauen Haare haben, in denen die Sonne duftet

Hab ich es schon erwähnt? Meine Mutter war *Friseurmeisterin*, und ich wurde in einem *Damen-Salon* groß. Das erklärt vielleicht, warum ich gegen all das, was Frauen ihr Leben lang mit ihren *Haaren* so anstellen, verhältnismäßig immun bin. Ja, dass ich all dem, was Frauen rund um ihren Kopf so unsagbar *wichtig* erscheint, schon fast bedauernswert gleichgültig gegenüberstehe.

Denn ob gelockt oder spaghettiglatt, ob rothaarig oder schwarz, ob blond, ob braun, ich kenne all die Tricks der Frau'n. Nur über einen Werbespruch, den ich irgendwann in einem Salon-Schaufenster entdeckte, war ich noch einmal *richtig* erschüttert: »Jahrelang war sie auf der Suche nach ihrem wahren Ich. Dann reichte schon eine Stunde beim Friseur.« – Meine Güte. *Nicht,* dass ich besonders viel von *Psychologen* halte, aber das fand ich nun *wirklich* zu dreist.

Ja, mit Dauerwellen und Haarfärbemitteln ist bei mir leider kein Blumentopf zu gewinnen. Aber umso *mehr* begeistert mich dafür alles, was an Frauenhaar noch *natürlich* ist: Der unsagbar weiche Schwung, wenn es beim Schwimmen und Tauchen im Meer schwingt wie Seegras. Auf dem Rücken auf der Wiese liegen und eine Frau beugt sich über mich, so dass ich in ihrem Haar fast ertrinke. Und, am schönsten: Die Nase in die Haare einer Frau tauchen, wenn die Sonne darin duftet – *das* ist es!

Mehr braucht es für mich nicht zum Glücklichsein.

»Ihre Haare … die Haare sind das Wichtigste, weißt du?
Hast du jemals deine Nase in ein Meer von Locken getaucht?
Es ist, als würdest du ewig darin schlafen wollen.«
AL PACINO ALS FRANK SLADE IN ›DER DUFT DER FRAUEN‹

Grund Nr. 36

Weil Frauen Hände haben, aus denen Seligkeit strömt

Ich hatte mal einen kleinen, klugen und sehr niedlichen Hund. Und während ich ihm *wichtige* Dinge beibrachte (»Ja, lauf mit der *Kellnerin*, die gibt dir bestimmt ein *Würstchen*!«), lernte ich durch *ihn* ebenfalls ein paar interessante Sachen.

Denn ich begann darauf zu achten, wie fremde Frauen, denen er im Gartenlokal gern bettelnd sein Kinn auf das Knie legte, ihn *streichelten*. Und entdeckte, dass viele Frauen gar nicht so *sanft* und *einfühlsam* mit ihren Händen umgingen, wie ich immer gedacht hatte. Das machte mich ein wenig überheblich.

Dann starb mein Hund. Und meine Frau und ich trennten uns. Und plötzlich gab es weder jemanden, den ich *streicheln* konnte, noch jemanden, der *mich* berührte. Und was vorher so selbstverständlich gewesen war, fehlte mir plötzlich sehr.

Und dann begann ich, auf mich *selbst* zu achten. Merkte, wie sehr ich es genoss, wenn meine Friseurin mich am Kopf berührte. Stellte fest, dass ich sogar den Finger der Zahnarzthelferin als beglückend empfand, wenn er nur meine Lippe berührte. Und daran spürte ich, wie *weich* ich geworden war. Und wie sehr ich mich sehnte: nach Haut an meiner Haut.

Nun habe ich wieder jemanden, den ich berühren kann. Und der mich berührt. Und es muss noch nicht mal ihre *Hand* sein, die in der Nacht zu mir herübergleitet. Wenn nur ihr *Fuß* sich sacht an meinen legt, bin ich schon tief beruhigt.

»Diese Hand, die liebkost hat.
Die sich auf eine Brust gelegt und einen Aufruhr darin erweckt hat.
Die sich auf ein Gesicht gelegt und dieses Gesicht verwandelt hat.
Wunder wirkende Hand.«
Antoine de Saint-Exupéry

Grund Nr. 37

Weil Frauen sogar noch schöner werden, wenn sie ihre schönen Anziehsachen ausziehen

Ich habe mal eine Frau sagen hören, sie hätte sich bei einem Mann in einem echt tollen Anzug im Nachhinein gewünscht, er hätte seinen Anzug lieber anbehalten. *Nicht* gerade ein Kompliment.

Außer für die Anzug-Marke natürlich.

Aber viele Frauen glauben *auch*, ohne schmückendes Drumherum nicht schön genug zu sein. Dabei ist meist das Gegenteil der Fall: Eine Geliebte nur mit einem Pareo um die Hüfte, einer Muschelkette am Fuß und einer Blume im Haar – wer wähnte sich da nicht im Paradies? Ja, eigentlich müssten solche Hula-Mädchen unter das Betäubungsmittel-Gesetz fallen.

Frauen allerdings, die auffallend *viel Außergewöhnliches* in ihrem Äußeren zelebrieren, Paillettenpullis und Glitzerjäckchen, Piercings oder Tattoos, die habe ich immer leise im Verdacht, dass sie innerlich so langweilig sind, wie sie äußerlich das Gegenteil zu scheinen versuchen.

Und in diesem Zusammenhang auch noch ein Tipp für meine Geschlechtsgenossen: Frauen, die ihr Bett mit einem Berg aus *supersüßen Stofftieren* dekoriert haben, sollte man lieber meiden. Und haben sie auch noch *rosa Himmelbett-Rüschengardinen* drumherum, dann sollte man nicht nur schreiend, sondern auch *schnell* weglaufen.

Bevor sie einen schnappen und alle Lebenssüße, die sie selbst so wenig *in sich* zu haben scheinen, aus einem heraussaugen.

»Am schönsten sind die Frauen so,
wie Gott sie erschaffen hat –
die Schneider können sie nur verderben.«
Paul Gauguin

GRUND NR. 38

Weil Frauen Brüste haben, die nicht nur Babys beglücken

Der erste Busen, den ich als Junge bewusst bewunderte, gehörte Gabriele. Sie war eine schöne, schlanke Frau, während eines Sommers in Spanien Hausmädchen in den Apartments meines Vaters, und nicht nur *er* ließ manchmal länger als unbedingt nötig die Augen auf ihr ruhen, sondern auch ich.

Einmal saß ich neben Gabriele am Strand und versank vollkommen selbstvergessen in der Betrachtung des Ausschnitts ihres schneeweißen Bikinis. Eine traumschöne Hügellandschaft mit einem sanftgeschwungenen Tal, in dem sich auf sonnengebräunter Haut ein Strom von hunderten Wirbeln aus winzigen hellblonden Härchen hinunter in eine tiefe Unsichtbarkeit ergoss. Ich konnte mich nicht erinnern, je etwas *Faszinierenderes* gesehen zu haben.

Später erfuhr ich, dass es anderen Männern beim Anblick dieser Landschaft ähnlich ging – allerdings jedem nach seiner speziellen Vorliebe. Mein Freund Wimjan, ein eher kleinwüchsiger Mann, aber dafür ein umso größerer Verehrer besonders *großgewachsener* Frauen, pflegte, wann immer die Rede auf ›Boobs‹ kam, begeistert auszurufen: »*That's* what I *always* say: *Tits* are *never* going out of fashion … *big* ones!«

Ein anderer Freund hingegen verriet mir, er habe nach jahrzehntelanger privater Frauenforschung herausgefunden, dass man an Busengröße und Brustwarzengröße sogar den *Charakter* der jeweiligen Brustbesitzerin ablesen könne. Und er für seinen Teil bevorzuge ›kleine Brüste mit kleinen Brustwarzen‹ – weil: Das seien die kecksten Frauen.

Und ich, um auch mit meinen Forschungsergebnissen nicht hinterm Busenberg zu halten, habe herausgefunden: Es gibt grundsätzlich *zwei* Sorten von männlichen Busenbewunderern.

Die, die immer noch *selbst* ein Kind sind und eigentlich nur wieder selig *nuckeln* wollen ... und die, die endlich reif genug sind, um auch *anderen Kindern* außer sich selbst die Gelegenheit zu geben, auf diese Erde und an die Mutterbrust zu kommen.

Denn bevor ein Mann nicht gesehen hat, wie seine Frau ihrem gemeinsamen Kind die *Brust gibt*, hat er das Wesentliche an ›Titten‹ sowieso noch nicht begriffen.

Und natürlich das Pech, seit Jahrzehnten keinen Tropfen dieser so unglaublich zuckersüßen *Muttermilch* mehr abbekommen zu haben.

Hmm! ...

»Ich bin froh, dass ich keine Frau bin.
Ich würde bloß immer dasitzen und mit meinen Brüsten spielen.«
STEVE MARTIN ALS HARRIS K. TELEMACHER IN ›L. A. STORY‹

Grund Nr. 39

Weil Frauen in ihren Brüsten nicht nur Muttermilch haben

Sondern die so wunderschön geformten, weichen Weiblichkeitssymbole enthalten auch höchst empfindliche Nerven. Für plumpe Busengrabscher ist das wahrscheinlich eine echte Neuigkeit, für ihre armen Freundinnen eher nicht. Es muss ihnen manchmal schon so vorkommen, als ob es sich bei ihren Brüsten nicht um ihre eigene erogene Zone handelt, sondern eher um die ihres tumben Begrapschers.

Für den ehrfurchtsvollen Liebhaber dieser köstlichen Körperteile hingegen ist es eine Wonne, dass in ihnen so viele empfindliche, empfängliche und leicht entflammbare Gefühle lauern. Und er weiß, dass das, was eine Frau bei der Berührung ihrer Brüste spürt, von zwei Umständen abhängt, die sich gegenseitig bedingen: Einerseits, mit welcher Bewunderung und Lust ein Mann sie berührt. Und andererseits, wie deutlich der Mann im Gegenzug spürt, dass die Frau seine Berührungen auch genießt.

Und das alles ist absolut unabhängig von Groß oder Klein. »Alles, was *mehr* ist, als in eine Hand passt, ist *Verschwendung*«, erklärte mir einmal lächelnd eine Frau zur Größe ihres Busens, der tatsächlich wie eingegossen in meine Hand passte. Und nach diesem angenehm selbstbewussten wie humorvollen Satz passten auch wir beide noch einmal viel besser zusammen. Und so sehr, wie meine Hände sich gefüllt fühlten, gab auch sie mir das Gefühl, dass ihre Brüste sich darin geborgen fühlten.

Aber nie vergessen werde ich den Moment, als ich zum allerersten Mal vor der heiklen Aufgabe stand, den Büstenhalter einer bildschönen jungen Frau zu öffnen. Ein abwartend lächelndes Mädchen, das einzig noch mit einem Slip und einem blütenweißen Spitzenoberteil vor mir stand, während ich, tapfer von vorn in ihre Augen schauend, blind tastend und nestelnd hinter ihrem Rücken verzweifelt den BH-Verschluss zu öffnen versuchte. Ich weiß nicht mehr wie, aber irgendwie musste es mir gelungen sein. Sonst wüsste ich heute ja nicht mehr, wie tief beglückend es für mich war, die ganze nackte Pracht in all ihrer Schönheit zu bewundern.

Mein Lieblingslied zu der Zeit war der magische Beatles-Song ›Happiness Is A Warm Gun‹, und das besonders wegen der Stelle, an der John Lennon singt – beziehungsweise mehr so schreit: »When *I* hold you in *my* arms / And *I* feel *my* finger on *your* trigger / *I* know *nobody* can do me *no* harm!«

Und mitgerissen von meinen erregenden Erlebnissen rund um den BH-Verschluss und angesichts der Tatsache, dass ich gar nicht wusste, was ›Trigger‹ überhaupt bedeutete, war mir völlig egal, dass John Lennon in diesem Song ja eigentlich von den Wonnen sang, die ein Mann verspürt, wenn er ein warmgeschossenes Gewehr in seinen Armen hält.

Für mich lautete die einzig wahre und sinnstiftende Übersetzung dieser Zeilen immer nur: »Wenn *ich* meine Arme um *Dich* lege / Und *ich* fühle *meine* Finger auf *Deinem* BH-Verschluss / *Dann* weiß ich: *Jetzt* kann mir *keiner* mehr was!«

Und was soll ich sagen?

Genau so war es!

»Deine beiden Brüste gleichen zwei Rehkälbchen, Gazellenzwillingen, die zwischen den Lilien weiden.«
König Salomo

Grund Nr. 40

Weil der Körper einer Frau so geheimnisvoll ist wie ein unentdeckter Kontinent

Kein Mann kann eine Landschaft schön finden, der nicht auch einen Frauenkörper schön findet. Es sei denn, er hat Probleme mit Mutti.

»Der Körper ist der Übersetzer der Seele ins Sichtbare«, erkannte der deutsche Schriftsteller Christian Morgenstern und zeigte damit deutlich mehr Kennerschaft als der liebesmüde Casanova: »Auch die schönste Frau ist an den Füßen zu Ende.« Denn bis man *da* endlich angelangt ist, gibt es an einem Frauenkörper *unendlich* viel zu entdecken!

Aber ich werde den Teufel tun und hier anderen Männern von meinen aufregenden Entdeckungsreisen durch sanfthügelige Savannen und dichten Busch berichten. Oder ihnen verraten, an welchen Stellen man andächtig verharrt und innerlich niederkniet. Und natürlich: Wo der Schlüssel zum Tempeltor verborgen ist, durch das man in das innerste Heiligtum dieses geheimnisvollen Reiches gelangt.

Hier nur so viel: Erst angesichts dieses Landes entdecken wir Männer unsere Männlichkeit. Und wer nie mit bewundernden Augen auf diese Urlandschaft aus Haut geschaut hat, der ist kein Mann. Denn nur ein *echter Mann* kann einen Frauenkörper auch ›echt schön‹ finden.

So. Und was *ist* nun eigentlich ›schön‹? ... Weiß das vielleicht irgendjemand? ... Kann das einer von euch mal kurz definieren, Herrschaften? ... Sie schon wieder, Herr Morgenstern? ... Ja, bitte ...

»Schön ist eigentlich alles, was man mit Liebe betrachtet.«
Christian Morgenstern

Kapitel Fünf

GEFÜHLE & GEDANKEN

»Der einzige Weg, eine Versuchung loszuwerden, ist, ihr nachzugeben.«
Oscar Wilde

GRUND NR. 41

Weil Frauen der Kompass durch den Dschungel der Gefühle sind

Eins muss man vielleicht mal klarstellen: Dass wir Männer uns überhaupt in diesen Dschungel verirrt haben, ja, dass wir diesen dunklen, undurchdringlichen Wald voller Schlingpflanzen und Schlangen überhaupt je betreten haben, daran sind die Frauen schuld. Weil sie uns erst Gefühle machen, von denen wir vorher gar nicht wussten, dass wir die überhaupt *haben* können ... und weil wir die dann auch noch unentwegt *zeigen* und sogar auch noch darüber *reden* sollen. Puh.

Denn eigentlich ist es doch so: Wir Männer versuchen nämlich, hauptsächlich mit *Vernunft* durchs Leben zu kommen. Ja! Vielen Männern sieht man das vielleicht nicht so an – aber es ist so!

Unsere Richtschnur durch das Lebenslabyrinth sind die eisernen Wortkombinationen ›Wenn – dann‹ und ›Entweder – oder‹. Und wir stehen fassungslos vor dem Scherbenhaufen unserer Weltsicht, wenn wir *von* und *mit* und *an* und erst recht natürlich *in* Frauen erfahren müssen, dass es manchmal – beziehungsweise fast immer – *mehr* als zwei Möglichkeiten gibt.

Und mehr als Ja und Nein.

Und dass im Dunkel der Emotionen nicht alle Gefühlskatzen schwarz oder weiß sind, sondern grau.

Und das auch noch in tausend Schattierungen.

Was jetzt nicht heißen soll, dass wir Männer *keine* Gefühle hätten. Jede Menge sogar! Und obendrein auch noch das *zusätzliche* Gefühl, es sei *unmännlich*, wenn man dieses Chaos der Emotionen in sich nicht auch heimlich, still und leise und allein mit sich wieder auf die Reihe kriegt.

Mit Vernunft zum Beispiel.

Lächerlich, ich weiß ...

Gefühlsknoten und Probleme, die aus dem Zusammensein von zwei oder mehr Menschen entstehen, als solistisches Einzelwesen entwirren zu wollen. Frauen wissen aus eigener Erfahrung, wie unmöglich das ist. Und was die einzige Möglichkeit ist: »Das muss man *bereden*! Das muss alles *raus* und auf den *Tisch*!«

»Jaja«, seufzen die Männer. »Und dann wühlst du schon zum Frühstück fröhlich in meinen Eingeweiden auf dem Küchentisch herum und zum Schluss darf ich meine zerfledderten Gedärme zusammensuchen und wieder einpacken.«

Genau!

Aber zugegeben: Irgendwie ist das, was vorher so schwer im Magen lag, danach dann doch irgendwie etwas *leichter* geworden.

Komisch.

Etwa, weil wir endlich mal drüber *geredet* haben? …

»Es ist viel leichter,
für eine geliebte Frau zu sterben,
als mit ihr zu leben.«
LORD BYRON

Grund Nr. 42

Weil Frauen so warmherzig lächeln können, dass selbst dem härtesten Mann das Herz weich wird

Und ich *bin* noch nicht mal ein harter Mann. Sondern einer, der für das leiseste Frauenlächeln jederzeit *schwer* empfänglich ist. Ob ein zartes, ein neckisches, ein breites oder ein übermütiges Lächeln, der kleine dumme Mann in mir denkt sofort immer nur eins: »Oh, sie schenkt mir ein *Lächeln*!« – und schon setzt er sich wie ein Schlafwandler in Richtung auf den Ursprung dieses Lichtes in Bewegung.

Denn ein Lächeln – egal, ob es nur sacht schimmert, ob es hell aufleuchtet oder gar scheinwerferartig strahlt – ist der rote Teppich, den Frauen für andere Menschen ausrollen. Ein Lächeln ist die schnellste Sympathiebrücke zwischen zwei Menschen. Und zumindest, was mich betrifft, hat dieses indische Sprichwort absolut recht: »Das Lächeln, das du aussendest, kehrt zu dir zurück.«

Doch von den Wirkungen auf *mich* einmal abgesehen, finde ich doch auch, eine Frau kann *aussehen*, wie sie *will* – das, was letztlich *wirklich* einnehmend an ihr ist, magisch attraktiv, immer wieder alles andere überstrahlend, das ist ihr Lächeln. Allein im Lächeln einer Frau liegt die *wahre Schönheit* ihres Gesichts begründet.

Aber dazu muss man in dieser komplett medial verfälschten Welt leider auch anfügen: ein *ungekünsteltes* Lächeln. Ein *echtes* Lächeln. Denn es gibt rund um uns herum so dermaßen viele zwar ebenmäßige, harmonisch glatte und ansprechende Frauengesichter, die sich aber sofort in eine falsche Fratze verwandeln, wenn ihre Besitzerinnen ihr Nullachtfünfzehn-Kunstlächeln anschalten.

Ja, wenn *Blumen* das *Lächeln der Erde* sind, wie der amerikanische Dichter Ralph Waldo Emerson ganz zu Recht empfand, dann sind die Smile-Weiber in Werbung, Fernsehen und Film die *Plastikblumen* dieser *Welt*. Und stellt man am TV nur einmal kurz den Ton ab und schaut genau in ihre Gesichter, dann bemerkt man es sogar fast schmerzhaft: Stimmt. *Diese* künstlichen Blumen *duften* nicht. Sie stinken eher schon.

Und woran *erkennt* ein Mann nun ein falsches Lächeln? Ganz einfach: Alles, was länger als fünf Sekunden im Gesicht stehen bleibt, ist *fake*. Denn ein echtes Lächeln ist nur wie das kurze Kräuseln, das der Windhauch der spontanen Sympathie auf eine stille Wasseroberfläche zaubert. Aber was dieses verlockende Kräuseln der Lippen nun in jedem *einzelnen*, *speziellen* Fall in aller Wirklichkeit sagen will, das muss ich jedem Mann allein und seinem hoffentlich einigermaßen intakten Instinkt und seiner eigenen Deutung überlassen.

Nur eine kleine Warnung vielleicht noch, bevor das nächste Gesicht in unsere Richtung für Sekunden aufleuchtet: Ein Frauenlächeln lächelt nicht immer nur für und über uns – es lächelt *manchmal* auch über seine *eigenen* kleinen *Hintergedanken* …

»Als Gott die Frau erschuf, soll er gelächelt haben.«
Curt Goetz

Grund Nr. 43

Weil Frauen einen dazu verführen, dass man ihnen voll verkitschte und viel zu lange Liebesbriefe schreibt

Besonders schlimm, so finde ich, ist immer der *erste* Brief, den man an eine neue Geliebte schreibt. Und fast noch schlimmer, so jedenfalls *meine* Erfahrung, ist der *letzte* Brief. Ja, das sind für mich die Extreme beim eh schon extremen Liebesbriefschreiben: der Anbalz- und der Abschiedsbrief.

Und manchmal, wenn ich durch irgendein Ereignis komplett durchgewühlt war, sei es ein himmlisches oder ein höllisches, dann stieg der Wasserstand meiner Gefühle so sehr an, dass meine letzten Dämme brachen und ich mich über das Papier ergoss wie die Sintflut. Schrecklich. Ich muss wohl schon *hunderte* Seiten geschrieben haben.

Und dann, viel schlimmer fast noch: Ist der Brief erst mal im Kasten oder unterwegs durch den Draht, sitzt man vollkommen entleert und schlapp wie ein Schlauch, in dem kein Tropfen Wein mehr ist, in der Wohnung herum. Und draußen in der Welt ist, definitiv nicht mehr rückholbar, der *größte* Unsinn des *Universums* auf seinem Weg. Geschrieben ist geschrieben! – Ein *schreckliches* Gefühl.

Aber auch ein schönes. Denn ich habe *alles* gesagt, was ich zu sagen hatte. Und vielleicht sogar noch etwas mehr als das. Und selbst, wenn es nur haarsträubender Wirrwarr war: Ich habe es gesagt! Nun ist es raus – soll die Welt, für mich verkörpert durch die Eine, doch sehen, wie sie damit fertig wird.

Und dann lesen sie, die Damen. Und wenn Du Pech hast, schütteln sie nur fassungslos den Kopf. Und wenn Du Glück hast, dann lachen sie. Und wenn Du viel Glück hast, dann müssen sie sogar ein bisschen weinen dabei. Vor Freude. Vor lauter haltloser Freude darüber, dass ja *sie* mit diesem hemmungslosen Gesülze gemeint sind!

Schrecklich, diese Liebesbriefe. Und wunderbar zugleich. Denn ehrlich gesagt, ich bin froh, all das schon einmal geschrieben und damit ausgesprochen zu haben. Weil ich es *genau* so *gefühlt* habe.

Und ich bereue nichts von dem, was ich geschrieben habe. Ich bereue höchstens *das*, was ich *nicht* geschrieben habe.

Aber *das* kann ja noch *kommen* …

»Um einen Liebesbrief zu schreiben, musst du anfangen,
ohne zu wissen, was du sagen willst,
und endigen, ohne zu wissen, was du gesagt hast.«
Jean-Jacques Rousseau

Grund Nr. 44

Weil alles auf der Welt falsch sein kann, nur das Bauchgefühl der Frauen nicht

Unter Intuition versteht man die Fähigkeit gewisser Leute, eine Lage in Sekundenschnelle falsch zu beurteilen«, glaubte der Schweizer Schriftsteller Friedrich Dürrenmatt erkannt zu haben. Aber mit den ›gewissen Leuten‹ meinte er natürlich ausschließlich Vertreter seines *eigenen* Geschlechts. Denn die weibliche Intuition in Frage zu stellen, diesen Mumm wird auch Herr Dürrenmatt sicher nicht gehabt haben. Jedenfalls nicht in Anwesenheit von Frauen. Weil die dann todsicher intuitiv festgestellt hätten, dass dieser Typ ruckzuck angespitzt und in Grund und Boden gerammt gehört.

Oscar Wilde ist wahrscheinlich deshalb etwas vorsichtiger in seiner Formulierung des für Männer so Unbegreifbaren, aber angeblich doch auch so Wahren: »Intuition ist der eigenartige Instinkt, der einer Frau sagt, dass sie Recht hat, gleichgültig, ob das stimmt oder nicht.«

Genau. Denn es ist ganz egal, ob das Gefühl der Frauen immer richtig liegt, weil sie sich sowieso immer danach richten. Und manchmal sogar Dinge wissen, die sie eigentlich gar nicht wissen können.

Und ich finde: Recht so. Die männliche Verachtung der weiblichen Intuition, des berühmten und häufig belachten Gefühls im Bauch (»Ist da außer Schmetterlingen und Flugzeugen eigentlich *noch* irgendwas drin?«) ist nur der Neid darauf, dass Frauen ihre sechs Sinne einfach besser trainiert und kombiniert haben. Und über den berühmten siebten Sinn, den männliche Autofahrer meist erst *nach* einem Unfall haben, verfügen die Frauen sowieso.

Damit hören sie das Gras wachsen. Und den Mann *neben* sich dumme *Gedanken* denken.

Ja, wenn das Leben so unberechenbar wie das Meer ist – und es ist noch viel unberechenbarer –, dann sind Frauen auf dem unendlichen Ozean des Lebens einfach die besseren Seefahrer. Sie nehmen die kleinsten Strömungen wahr und den leisesten Windhauch. Sie spüren die Absicht des Luftdrucks, demnächst um ein Millibar zu fallen und sehen dunkle Wolken aufziehen, wo Männer noch nicht mal den Horizont ausmachen können.

Und neben all dem betrachten sie natürlich auch noch die *Sterne*.

Die ihnen manchmal sogar noch *mehr* als nur den Weg weisen.

»Die Ahnung der Frau ist meistens zuverlässiger als das Wissen des Mannes.«
RUDYARD KIPLING

Grund Nr. 45

Weil man mit Frauen zusammen ein kitschiges Lieblingslied haben kann

Hörst du? Sie spielen unser *Lied*!« – *Unser* Lied. Wie *schön*. Und wie *kitschig* eigentlich. Aber es ist schließlich *unser* Lied. Und nur *wir* wissen, dass sich zwei ansonsten halbwegs geschmackvolle Menschen absolut einig darin sind, dass gerade *diese Topschnulze*, gerade *dieses* eigentlich unsagbar rührselige *Stück Schmalz* haargenau *das* ist, was unser beider Gefühle füreinander so *unglaublich* eins zu eins wiedergibt.

Denn Musik ist wie die Luft, ist wie das Wasser, ist wie die Wärme eines Lagerfeuers – Musik verbindet uns miteinander und hüllt uns ein. Wir alle zusammen hören sie gleichzeitig, und wir alle lassen unsere Träume und Wünsche auf ihrem Klang und ihren Wellen von *dem Einen* zu *der Anderen* reisen. Bleibt nur das Problem, ob es bei der Anderen auch *ankommt* …

Denn den *einen* Volltreffer, *unser Lied* eben, danach muss ein liebender Mann für seine Geliebte manchmal *lange* suchen! Diesen einen Song, dieses eine Stück Musik, das auch *ihr* direkt ins Herz schießt, das muss man aus den hundert Lieblingsstücken, die man so hat, ja erst mal herausfinden!

»Ja, *schön* …«, sagte dann irgendwann jede der jeweils zu erobernden Damen, wenn ich mal wieder wie manisch vor der Anlage hockend in meiner Musiksammlung wühlte und ein Lieblingslied nach dem anderen auf sie abfeuerte. »Ja, *schön* … aber warum musst du das so *laut* machen?«

Ja, weil ich so begeistert und aufgeregt bin vielleicht? Weil ich Dich für mich gewinnen will vielleicht? Und weil ich erst Dein Herz erweichen will und dann vielleicht auch den ganzen Rest? – Aber das sagte ich natürlich *nicht* laut.

Und so war es immer: Cassetten schneiden, Compilations komponieren, CDs brennen. Und dann mit klopfendem Herzen den verehrten Damen kredenzen. Und fiebernd warten. Ob der eine Treffer wohl *dabei* war? Würde sie vielleicht *diesmal* … mein Gott, die Liebe ist *nicht* leicht.

Und so auch beim letzten Mal. Wie viele CDs musste ich brennen und ihr schenken! Was musste ich grübeln und in mich gehen, nachspüren und auch in *sie* gehen, obwohl ich sie noch gar nicht richtig kannte! Bis ich plötzlich hörte, wie sie unten in ihrer Wohnung mein neuestes CD-Geschenk spielte. Und dann die Treppe heraufgerannt kam, mich mit einem strahlenden Lächeln blitzschnell auf den Mund küsste, und dann beglückt, ja, irgendwie erkannt, begriffen und berührt wieder die Treppe hinunterhüpfte.

Ich hatte *unser Lied* gefunden! … Hab *ich* ein Glück gehabt.

Aber das *Entscheidende* hab ich beim Frauen-Musik-Vorspielen anscheinend *immer* noch nicht gelernt. Denn gerade eben, als ich der Tochter begeistert mein neuestes Lieblingsstück vorspiele, da lächelte sie nachsichtig und sagt ganz sanft zu mir: »Ja, *schön* … aber warum musst du das so *laut* machen?«

»Die Musik drückt das aus, was nicht gesagt werden kann
und worüber es umöglich ist, zu schweigen.«
VICTOR HUGO

Grund Nr. 46

Weil Frauen so gnadenlos hart und ehrlich mit sich sind

Frauen sehen das Leben mit glasklaren Augen. Frauen haben von Geburt an einen eisenharten Blick auf die Realitäten. Sie sehen die Menschen um sich herum wie mit Scheinwerferspots und Röntgenstrahlen gleichzeitig angestrahlt. Und *so* sehen Frauen manchmal sogar sich *selbst*.

Während wir Männer uns über uns *selbst* ja lieber gern so dermaßen die Taschen voll lügen, dass wir eigentlich alle schon Hüften haben müssten wie die Sumo-Ringer, da erblicken Frauen knallhart und schonungslos ihr blasses Gesicht im kalten Neonlicht des Toilettenspiegels. Ja, Frauen haben es weiß Gott nicht leicht: Sie wissen zu viel, sie fühlen zu viel und sie sehen deshalb sich und das Leben um sie herum, wie es nun mal ist – normal banal.

Und überall viel, viel Kummer, Dreck und Erdenschwere.

Ja, das Leben ist kein Ponyhof. Und auch kein Kaffeekränzchen. Und erst recht kein Federchen.

Und deshalb brauchen Frauen auch die *Romantik* so dringend wie die Luft zum Atmen. *Deshalb* hoffen sie auf die Liebe. *Und* auf einen *Mann*, der ihnen Dinge zeigen kann, die sie in dieser von ihnen so kühl und nüchtern durchschauten Welt noch *nie gesehen* und *erlebt* haben.

Und sie haben ja recht damit. Denn die Liebe ist zwar *auch* kein luftigleichtes Federchen, kein kreuzgemütliches Kaffeekränzchen und leider-leider ja auch kein ewiger Urlaub auf dem Ponyhof.

Aber *manchmal* sind die Liebe und das Leben zu zweit doch wie ein fröhlich grunzender Schweinchenhof. Und dann kann man sich in der gemeinsamen Liebe suhlen wie zwei rosarote, nackte Ferkel im warmen, weichen Schlamm.

Und wenn er dann erst mal auf der Haut getrocknet ist und eine dicke harte Kruste gebildet hat, dann, ja *dann* können einem die Mückenstiche des Lebens wenigstens für eine gewisse Zeit nicht das Geringste mehr anhaben – und Sau und Eber fühl'n sich schweinchenwohl.

»Es gibt Dinge, wo ein Frauenzimmer
immer schärfer sieht als hundert Augen der Mannspersonen.«
Gotthold Ephraim Lessing

Grund Nr. 47

Weil Frauen so herzzerreißend weinen können und wir Männer es bei ihnen ebenfalls dürfen

Ein deutscher Junge weint nicht!« war der Standardspruch unseres Sportlehrers, eines kleinen, dicken Mannes, dessen kahler Kugelkopf mit dieser Nazi-Dummheit wahrscheinlich auch schon randvoll gefüllt war. Und wenn ich, der Weinen so als etwas Verachtenswertes kennengelernt hatte, dann erlebte, wie Mädchen vor aller Augen einfach hemmungslos zu schluchzen begannen, machte es mich regelmäßig fassungslos.

Später lernte ich: Frauen *weinen* nicht nur einfach, wenn ihnen danach ist, sie weinen auch aus verschiedenen *Gründen*: »Die Frauen«, sagt ein niederländisches Sprichwort, »haben dreierlei Tränen – die des Leids, die der Ungeduld und die des Betrugs.« – Wahr, nicht wahr?

Aber auch *egal*. Denn ich lernte *noch* etwas: Wenn Mädchen weinen, musste ich sie einfach *trösten*. Besonders Mädchen, die ich noch nicht näher kannte. Weil es vom sanften Streicheln zu etwas festeren Berührungen nur selten ein weiter Weg war.

Und noch später lernte ich: Die meisten Frauen lieben viel leidenschaftlicher, wenn sie sich vorher einmal richtig weichgeweint haben – und ich am besten gleich mit.

Denn dass man heutzutage immer noch so selten Männer weinen sieht, liegt wohl *daran*, dass die meisten das große Glück haben, es unter vier feuchten Augen gemeinsam mit einer Frau erledigen zu dürfen.

Und *danach* vielleicht noch etwas *anderes* Feuchtes …

»Geld macht nicht glücklich,
aber es ist besser, in einem Taxi zu weinen als in der Straßenbahn.«
Marcel Reich-Ranicki

Grund Nr. 48

Weil Frauen mit Eifer suchen, was Männern Leiden schafft

Wie gern Frauen doch gefährliche Dinge tun. Das ist eine ihrer Eigenschaften, die ich am meisten bewundere. Eine Frau wird mit jedem in der Welt flirten, solange andere Menschen zusehen«, bestaunte der mindestens bisexuelle Oscar Wilde das weibliche Geschlecht.

Als ich meine erste große Liebe kennenlernte, das erste Mädchen, dessen Anblick ich nicht vergessen konnte und dessen Foto ich *stundenlang* anstarrte, war ich nicht *allein* im Rennen um seine Gunst.

Mein bester Freund Uwe war *ebenfalls* in sie verliebt. Und das Mädchen, eine schöne, kluge und sanft rehäugige Erscheinung, lud uns zu sich nach Hause ein – *gemeinsam.*

Und so saßen wir zu dritt im Wohnzimmer ihrer Eltern, tranken Cola, zerbröselten Salzstangen und hörten ›Rubber Soul‹, die neue LP der Beatles. Und dann forderte das Mädchen uns auf, mit ihr zu tanzen. Und während Uwe mit ihr tanzte, saß ich wie paralysiert im Sessel und *versuchte* wenigstens, ihr passend zu ›I'm Looking Through You‹ immer möglichst *wissend* in die Augen zu sehen, wenn sie bei jeder Drehung meinem ahnungslosen Freund über die Schulter schauend meinen Blick suchte.

Drei Tage später, mein Freund und ich wollten gerade Feinde fürs Leben werden, machte sie dann ebenso gemeinsam mit uns beiden Schluss. Und ich hatte im Schnelldurchlauf gelernt, was Liebe, Eifersucht *und* Liebeskummer waren. – *Danke*, Annegret!

»Wir wissen immer nur, wie eine Frau uns liebt,
aber wir erfahren nie, wie sie einen anderen lieben könnte.«
Arthur Schnitzler

GRUND NR. 49

Weil Frauen nicht nur mir, sondern allen Männern das Herz brechen können

Ja, ist das nicht irgendwie beruhigend? Dass nicht nur Normalsterbliche wie ich, sondern auch die größten, die besten und die klügsten Männer gegen Liebeskummer nicht gefeit sind? Dass nicht nur wir unbekannten Normalos unter den Schattenseiten der Liebe leiden, sondern auch die berühmtesten Stars manchmal den Liebeskümmler geben und machtlos leiden müssen unter dem, was sie nicht oder nicht *mehr* kriegen?

Und dass sie dann sogar nicht wie unsereins nur heimlich im stillen Kämmerlein weinen und wie ein nasser Waschlappen über dem Badewannenrand vor sich hin tropfen, sondern ihren Liebesschmerz in alle Welt hinausschreien müssen? Einfach vor Liebesleid nicht anders können, als in aller Öffentlichkeit zu jammern, sich an den Kopf zu schlagen, die Brusthaare auszuraufen und jede Menge Hits und Bestseller schreiben zu müssen?

Als wenn *andere* Mütter nicht *auch* schöne Töchter hätten! …

Aber so ist das eben in der Liebe: Keiner bleibt verschont. Kein Herz bleibt ungeknickt. Irgendwie gerecht.

Aber dass die Frauen, die all dieses Unheil angerichtet haben, dafür zur Belohnung auch noch die schönsten Liebeslieder und wunderbarsten Liebesgeschichten geschenkt bekommen – ist das etwa *auch* gerecht?

»Wer liebt, riskiert zu leiden.
Wer nicht liebt, leidet schon.«
RUSSISCHES SPRICHWORT

Grund Nr. 50

Weil Frauen nicht ahnen, dass ihr Lachen uns bis auf den Grund ihres Charakters schauen lässt

Menschen lachen gern. Warum auch nicht: Lachen entspannt, Lachen erleichtert, Lachen befreit ... aber *wovon* eigentlich?

Na, zum Beispiel von inneren Verspannungen, Verklemmungen, Verknotungen. Das Lachen spült sie nach draußen wie ein reißender Fluss aus Luft.

Das mag schön sein für den Lachenden, ist aber manchmal auch schmerzhaft für den Lauschenden. Denn nichts ist typischer für einen Menschen als sein Lachen. Es ist so *unbewusst*. Und es ist eine so direkte und unverfälschte Mitteilung seiner Seelenlage, dass manche Menschen, die sich nicht gern in die inneren Karten gucken lassen, vollkommen zu Recht zum Lachen in den Keller gehen.

Manchmal, wenn ich Grund dazu habe, darüber nachzudenken, dass es auch *nicht* so schöne Seiten im Verhalten der Damenwelt zu entdecken und am eigenen Leib zu erleben und zu erleiden gibt, dann schwöre ich mir: Sollte ich mich *je* wieder einer Frau anschließen und offenbaren wollen, dann will ich vorher aber auch so viel wie möglich über sie *wissen*.

Am besten, wie sie in ihrem innersten Kern beschaffen ist.

Denn über kurz oder lang, wenn die schönen Äußerlichkeiten selbstverständlicher geworden sind und an anfänglicher Attraktivität zart eingebüsst haben, bekommt man es mit dem Innenleben seines Gegenübers zu tun. Und nichts sagt mir mehr über ihr Gemüt als das Lachen einer Frau.

Gar nicht mal so sehr, *worüber* eine Frau lacht. Obwohl Frauen, die schon bei der Erwähnung des Wortes ›Unterhose‹ loskreischen, mir ein leicht mulmiges Gefühl davon vermitteln, wie gehemmt es wohl in ihrem Innersten zugehen muss, wenn schon der platteste Untenrum-Witz sie zu erlöstem Aufschreien bewegt. Nein, vielsagender ist mir immer noch, *wie* eine Frau lacht.

Ja, und wenn ich *klug* gewesen wäre – was ich noch *nie* war –, ich hätte in meinem Leben nicht eine Frau nach ihrem Gesicht gewählt, nach ihrem Körper oder ihrer gesamten Erscheinung. Heute würde ich auf einer Party einfach nur still in einer Ecke sitzen und zuhören. Vielleicht sogar die Augen schließen dabei und einfach nur lauschen.

Auf ihr gackerndes und wieherndes Gelächter, ihr hartes und bellendes, ihr gekünsteltes und mechanisches, ihr hämisches und hinterhältiges, ihr jaulendes, ja, fast schon weinendes ... oder eben auf ihr wunderbar offenes, freudig und flüssig herausperlendes, ja, einfach herrlich hemmungsloses Gelächter!

Und dieser letzten Frau würde ich mich nähern. Und versuchen, sie mit ins Kino zu schleppen.

In eine Komödie.

Und wenn sie dann auch noch an den *richtigen Stellen* lacht ... perfekt!

»Gibt es eine bessere Form,
mit dem Leben fertig zu werden,
als mit Liebe und Humor?«
CHARLES DICKENS

Kapitel Sechs

SPASS & SPIEL

»Wenn man zwei Stunden mit einem netten Mädchen zusammensitzt, meint man, es wäre eine Minute. Sitzt man jedoch eine Minute auf einem heißen Ofen, meint man, es wären zwei Stunden. Das ist Relativität.«

Albert Einstein

Grund Nr. 51

Weil Frauen beim Tanzen so unglaublich glücklich sind

Tanzen ist für eine Frau nicht nur ein Ausdruck von Lebensfreude, es ist in seiner Außergewöhnlichkeit fast schon etwas Mystisches: Die Musik dringt in sie ein, bewegt ihr Innerstes und bringt es nach außen. Beim Tanzen strahlt eine Frau ihr gesamtes Wesen in die Welt hinaus, zeigt, was sie fühlt, und das ganz ohne Hemmungen, Scham und Scheu.

Kein Wunder, dass man früher dachte, Musik und Tanz seien *Teufelswerk* – und die Frauen gleich *mit*. Man hatte ja recht!

Denn wenn einem Mann gefällt, wie eine Frau tanzt, wie sie ihren Körper biegt und windet, *dann* kann sie auch etwas, das wird dem Mann noch viel *mehr* gefallen. Weil man allein beim Anblick ihres Tanzes schon weiß, wie sie sich im Bett bewegen wird. Ja, klar doch: Tanzen ist Geschlechtsverkehr im Stehen! Wie vertikal, so auch horizontal!

Umgekehrt gilt das natürlich *leider* auch für die Männer.

Und das ist wahrscheinlich der Grund, warum Männer eher *selten* in der Öffentlichkeit tanzen. Denn wenn die Frauen schon *vorher* wüssten, wie ihr Erwählter nachher im Bett herumtrampelt, unrhythmisch mit den Hüften ruckelt und zum traurigen Höhepunkt euphorisch die Faust in die Luft stößt, dann wäre der Fortbestand der Menschheit eventuell *ernsthaft* in Gefahr.

Aber *eine* Sache macht das *alles* wieder gut. Denn wer macht denn meist diese fantastische *Musik* zum so rauschhaften Tanzen, meine Damen? Wir *Männer*. – Danke, Männer!

»Dance like nobody's watching you.
Love like you've never been hurt.
Sing like nobody's listening.
Live like there is heaven on earth.«
Mark Twain

Grund Nr. 52

Weil man mit Frauen so wahnsinnig gut trinken kann

Realität ist eine Illusion, die durch Mangel an Alkohol entsteht«, haben irische Experten herausgefunden. Aber da ich ja leider noch nie in Irland war, fand *meine* Einweihung in das wahre Leben an einer spanischen Strandbar statt.

Die Frau hinter der Bar, die tagsüber das Kindermädchen meiner beiden kleinen Schwestern war, hieß Daniela. Und anscheinend fand sie, dass so ein netter hübscher Junge wie ich nicht *immer* so brav und ernst und nüchtern herumlaufen müsse.

Deshalb mischte sie mir eines Tages, als der Wirt gerade nicht hinschaute, einen Gin Fizz mit Zuckerrand. Und er war *großartig*! Und da mischte sie mir gleich *noch* einen. Und der war *auch* großartig! Und *ich* war es plötzlich irgendwie *auch* …

Da sah Daniela mich prüfend an und sagte dann lächelnd: »Weißt du *was*, Richard? Wenn du was *getrunken* hast, bist du *viel netter*!«

Konnte es für einen jungen Mann einen *besseren* Grund geben, sich auch im weiteren Leben häufiger mal einen hinter die Binde zu kippen? Und das am liebsten zusammen mit einer ähnlich guten Frau wie Daniela?

Denn was könnte zwischen uns ohne Mangel an Alkohol nicht alles geschehen? – Alles!

Jaja, ich weiß: *Früher* konnten Frauen *kochen* wie ihre *Mütter*, heute können sie nur noch *saufen* wie ihre *Väter*. Na und? Das bisschen, was wir *essen*, können wir auch *trinken*!

Denn was *macht* man nicht alles für Frauen? Alles.

»Freunde, esst und trinkt,
berauscht euch an der Liebe!«
König Salomo

Grund Nr. 53

Weil Frauen so gern Blumen pflücken, Muscheln sammeln und Steine bemalen

Es ist nichts Neues: Frauen *lieben* Blumen. Und *Männer*, die Blumen lieben, lieben meistens auch eher *Männer* und machen dann zusammen einen schnuckeligen kleinen Blumenladen auf. Aber *ich*, langweiliger Hetero, der ich nun mal bin, konnte bisher an Blumen nur feststellen, dass sie ganz hübsch sind. Jaja, ganz *hübsch* … aber das war's dann auch.

Doch dann fuhr ich mit der Frau in unseren ersten Urlaub und wanderte mit ihr über die Insel. Falls man es Wandern *nennen* kann, wenn man alle drei Meter stehen bleiben muss, weil die Frau stehen bleibt und begeistert ausruft: »Guck mal da, wie hübsch! Diese kleine gelbe Blüte da, die hab ich ja noch *nie* gesehen.« Und dann bückte sie sich, schnupperte verzückt und lächelte glücklich.

Und ich dachte: »*Ach*, du Elend. Na, *das* kann ja heiter werden.« Und es *wurde* heiter: Ich lernte circa 100.000 verschiedene Blumen kennen. Also rund 99.997 mehr, als ich bisher kannte. Und ich muss zugeben: Ich *war* ein bisschen beeindruckt. Was der Herrgott so alles *wachsen* lässt …

Aber dann kamen wir an den Strand, und es stellte sich heraus, dass die Frau auch *Muscheln* sammelte. Und *Steine*. Und als ich mich, die Hosentaschen mit Muscheln schon randvoll, nun ernsthaft weigerte, auch noch einen Rucksack voller Wackersteine zu schleppen, da trug sie ihre umfangreiche Sammlung leise und auch lauter stöhnend selbst nach Haus. Und *da* begriff ich: Es muss wohl *Liebe* sein. Die *uralte* Liebe zwischen Frauen und Blumen, Muscheln und Steinen.

Und seitdem bin ich etwas milder in meinem Urteil. Ja, ich ertappe mich sogar dabei, dass ich manchmal an den vielen kleinen Arrangements aus Blumen, Muscheln und Steinen, die jede freie

Ecke und sämtliche Fensterbretter der Urlaubswohnung belegen, stehen bleibe und mich heimlich an ihrem Anblick erfreue.

Nur dass man diese Steine auch noch *bunt bemalen* muss, das fand ich immer noch schrecklich. Bis meine Tochter, die mit in den Urlaub gekommen war, mir irgendwann hinterlistig einen Stein schenkte.

»Für meinen *tollen* Vater …« stand auf der Vorderseite, und drumherum waren ein paar bunte Herzchen gemalt. Und auf der Rückseite stand: »… der bemalte Steine liebt!« – Und dann hörte ich die Tochter zufrieden aufkichern.

Und nun finde ich auch noch bemalte Steine gut.

Jedenfalls die, die meine *Lieben* bemalen.

»Unsere Erde ist vielleicht ein Weibchen.«
GEORG CHRISTOPH LICHTENBERG

Grund Nr. 54

Weil man mit Frauen zusammen auch den langweiligsten Film aushalten kann

Draußen Regen und Schnee, drinnen Kaffee und Tee, ein Sonntag zu zweit im Bett, ein gemütlicher Fernsehabend – wie nett! Aber dann ist der DVD-Spieler kaputt und die Satellitenschüssel hat einen Sprung und man bekommt nur noch ›Das Zweite‹ rein.

Eigentlich eine Katastrophe. Aber mit einer guten Frau kein Problem. Denn mit einer guten Frau kann ich ohne Probleme *alles* angucken.

Ja, *wirklich* alles. Sogar das, was Frauen in ihrer heimlichen Lust am Lausigen manchmal echt leidenschaftlich gern sehen: oberflächliche Soaps und unterirdische Serien, peinliche Pilcher-Schmonzetten und pupsige Pillepalle-Krimis, öde Innerlichkeits-Dramen und tödliche ›Kultfilme‹, die – was Frauen ja angeblich so sehr lieben – immer ›So schöne lange Bilder!‹ haben.

Oh ja. Teilweise so lange Bilder sogar, dass man sich eigentlich zwischendurch rasieren müsste. Wäre das Badezimmer nicht so aasig kalt … und die Frau nicht so wunderbar warm.

Ja, ganz egal, was man sich gemeinsam anguckt – *alles* ist gut. *Wenn* das *Gemeinsame* gut ist. Aber wenn die schöne, warme, weiche Frau unter einem sengenden Kuss dann nicht die Augen vom Fernseher ab- und sich einem zuwendet, dann … ja, ist es *dann* eigentlich noch Liebe?

Vielleicht. Aber auf *jeden* Fall läuft im Fernsehen dann plötzlich nur noch ein *wahnsinnig langweiliger* Film.

»Im Gegensatz zu Männern würden Frauen ihre Fehler sofort zugeben – wenn sie welche hätten.«
Robert Lembke

Grund Nr. 55

Weil man mit Frauen zusammen auch Pornofilme gucken kann – aber nicht muss

Ohne Frauen muss man natürlich *auch* nicht. Aber man *kann*. Wenn man denn dringend mal *muss* …

Und man *lernt* ja auch so wahnsinnig viel dabei! Zum Beispiel, dass die Frauen, die in solchen Erotik-Thrillern mitspielen (»Mein Gott, ist das spannend – ob sie's wohl *wirklich* miteinander *treiben* werden?«), immer viel zu lange, weißlackierte Fingernägel haben, die vorn so gerade wie ein Spaten abgeschnitten sind. Bedeutet das vielleicht umgekehrt, dass Frauen, die solche fiesen, weißen Spaten draußen auf der Straße spazieren tragen, auch in Pornofilmen mitmachen würden? Vielleicht sogar in meinem eigenen? … Aber das nur nebenbei.

Moderne Frauen werden jedenfalls nicht mit der Wimper zucken, wenn ein Typ seinen Lieblingsporno einschiebt (»Kennst du schon ›Anale Grande‹? Super, sach ich dir!«). Aber trotzdem: Als Mann mit einer Frau zusammen einen Pornofilm angucken zu wollen – oder eben zu müssen –, ist das nicht immer ein wenig so, als hätte man zwei gesunde Beine und würde sich trotzdem zusätzlich noch eine Plastikprothese an die Hüfte schnallen?

Und wozu? Damit wenigstens *irgendetwas* an einem hart und steif ist?

Ehrlich, nichts gegen erotische Hilfsmittel. Aber die üblichen (und erst recht die unüblichen) ›Sex-Helferlis‹ vermitteln mir immer den unangenehmen leisen Beigeschmack von zu betäubender Langeweile. Eine Frau bis auf einen Sehschlitz und drei Löcher in Latex einwickeln? Ist das nicht irgendwie, als müsste man sich jemanden schönsaufen? Als müsste man sich ein Erlebnis erst geilkiffen?

Eben: Als *müsste* man!

Und dann muss man wohl. Aber echt ist das nicht.

Natürlich sind Pornos erregend. Sonst gäbe es sie ja nicht. Aber manchmal denke ich, was ich wohl von Meerschweinchen halten würde, die vor einem Fernseher sitzen und sich angucken, wie andere Meerschweinchen ficken. Irgendwie seltsam, oder?

Und *das* muss man sich erst mal mit *Elefanten* vorstellen ...

Und kann man denn eigentlich den ›Geschlechtsverkehr‹ vom Zusehen allein in seinem ganzen wunderbaren Rausch begreifen? Was würde denn ein Alien nach der Rückkehr ins Raumschiff von seinen heimlichen Schlafzimmer-Beobachtungen auf der Erde berichten? Wahrscheinlich das hier: »Sie nennen es *Liebe* ... aber es sieht *eher* aus wie *Gymnastik*.«

Tja, und das ist eben das Problem mit Pornos. Draußenstehen und zugucken bringt es irgendwie nicht.

Man muss schon drinstecken, um es zu erleben.

»Und deshalb hat es mir gefallen, ein Weib zu nehmen, das nicht errötet, wenn es mich den Pinsel zur Hand nehmen sieht.«
PETER PAUL RUBENS

Grund Nr. 56

Weil Frauen uns nicht nur die Freizeit, sondern sogar die Arbeit versüßen

Einer meiner Freunde, ein extrem charmanter Bursche, aber auch ein echt altbackener Macho, verdreht jedes Mal die Augen, wenn es um ›Frauen am Arbeitsplatz‹ geht: »*Frauen* und *Arbeit*!«, stöhnt er dann immer vielsagend. Für *seine* Begriffe jedenfalls vielsagend. Denn *ich* hab ehrlich gesagt nicht die geringste Ahnung, was er damit eigentlich *meint* ...

Aber da selbst er *als Mann* mit den hohen Anforderungen an seinem Arbeitsplatz echt zu kämpfen hat, und es ihm nach so einem Schwachmaten-Satz anscheinend wenigstens ein *bisschen besser* geht, gönnen wir ihm dies für ihn so notwendige Vorurteil mal – okay? Na klar. Und empfinden wir nicht sogar ein bisschen Mitgefühl für ihn? Denn wer braucht so ein simples Schubladen-Denken am *nötigsten*? Derjenige, der *selbst* in einer Schublade lebt. Und wer *wirklich gut* ist, kann auch großzügig sein. Und Frauen *sind* gut bei ihrer Arbeit. Meine Güte! Besonders, wie ich finde, auf *den* Posten, auf denen man traditionell immer nur *Männer* erwartet.

Kürzlich hielt mich ein Streifenwagen an, weil ich noch *mal eben schnell* bei Rot über die Ampel gebrettert war. Und während der männliche Teil der gemischtgeschlechtlichen Hamburger Streifenwagen-Besatzung im Auto blieb, stieg eine junge Frau in Uniform aus und nahm die Verhandlungen mit mir auf.

Ernst, aber freundlich. Korrekt, aber nicht unpersönlich. Und alles in allem der Situation *extrem* angemessen. Und *ich*, ich fing gar nicht erst *an* mit den üblichen Ausflüchten und Männerkumpanei-Sprüchen, wie ich sie bei einem männlichen Polizisten gewagt hätte. Sondern war und blieb ebenso freundlich und korrekt wie sie. Und dachte insgeheim immer nur voller Bewunderung: »Toll. Was für ein *Stil*. Was für eine *Haltung*. Toll!«

Man kann diese Arbeit also auch erledigen, *ohne* dabei zu bellen oder den Bullen zu spielen. Selbst mit Männern wie *mir*, die manchmal eben *auch* bellende Bullen sind.

Und ganz am Ende, als alles erledigt war und sie wieder in den Streifenwagen stieg, da dreht sich meine Polizistin noch einmal zu mir um und schenkte mir ein kurzes, aber wunderbares Lächeln. Meine Fresse!

Respekt. Also wirklich: Respekt. Es gibt Dinge, da sind Frauen uns Männern haushoch überlegen.

Haushoch?

Ach was. Hochhaushoch!

»Weiblichkeit ist die Eigenschaft,
die ich an Frauen am meisten schätze.«
OSCAR WILDE

Grund Nr. 57

Weil Frauen von Technik so wenig Ahnung haben

Ein Glück! Wenn ich mir vorstelle, ich müsste mich jetzt auch noch mit *Frauen* über Autos oder Computer unterhalten – wie langweilig. Und *warum* haben Frauen von Technik so wenig Ahnung? Weil es sie nicht *interessiert. Sie* haben diese Dinge ja schließlich nicht *erfunden.*

Sie haben sich das Zeug nicht ausgedacht, nicht zusammengetüftelt, aber sie nehmen es freundlich dankend an. Und wollen am liebsten gar nicht wissen, wie es nun genau funktioniert. Sie wollen lieber wissen, was man damit *machen* kann. Und es *benutzen*, wenn sie es als praktisch erachten. Clever, wie?

Und wenn sie wirklich mal wissen wollen, wie irgendwas funktioniert, dann fragen sie einfach »Was'n *das* da für'n Knopf? Was *macht* der?« – Und sofort ist ein eifriger, blasser und pickliger Technikfreak zur Hand und erklärt ihnen mehr, als sie eigentlich wissen wollen. Und manchmal sogar mehr, als er *selbst* weiß. Nur um noch *eine Minute* länger in dieser wunderbaren warmen weiblichen Aura verweilen zu dürfen. Bevor er sich wieder in den kalten Keller, in die graue Garage, in seine einsame und unfreiwillig frauenfreie Bastelbude begibt. Und weiter an der Maschine baut, mit der er demnächst die *Weltherrschaft* übernehmen wird.

Jawohl! Und damit die Macht über *alle Frauen* dieser Erde … Aber man muss auch uns Männer verstehen. Ja, man muss! Wir *Männer* können schließlich keine *Kinder* kriegen! Und *deshalb* erfinden wir unser Leben lang verzweifelt alle möglichen möglichst *lebensähnlichen* Geräte: Motoren und Maschinen, Autos und Flugzeuge, Fernseher und Computer.

Und ein *Computer*, das muss an dieser Stelle dann doch einmal gesagt werden, meine Damen, das ist die absolute Krönung aus 1000 Jahren visionärster Männerträume! Ein Computer ist einfach nichts anderes als die *definitive Universal-Maschine*! Eine absolut *magische Zaubermaschine*, mit der man einfach *alles* machen kann!

Alles! ...

Außer eben das, was Frauen *wirklich* wichtig ist: Liebe.

Und Kinder.

»Die Rechenautomaten haben etwas von den Zauberern im Märchen.
Sie geben einem wohl, was man sich wünscht,
doch sagen sie einem nicht, was man sich wünschen soll.«
NORBERT WIENER

Grund Nr. 58

Weil Frauen es ganz normal finden, einer Waschmaschine einen Namen zu geben

Sie war die erste Frau, mit der ich je zusammenzog. Die erste Frau, mit der ich gemeinsam eine Wohnung einrichtete und versuchte, ein eigenes Heim zu gründen. Unser erster gemeinsamer Haushalt! Wir freuten uns wie die Schneekönige.

Und jedes Stück, das diesen Haushalt vervollständigte, wurde begeistert begrüßt. Ja, wir waren wie zwei kleine Kinder, die eine Puppenstube einrichten. Und dann bekamen wir unsere erste Waschmaschine – und *die* liebte die Frau ganz besonders …

Am nächsten Tag kam ich nach Hause, die Frau hängte gerade Wäsche auf und begrüßte mich lächelnd mit dem Satz:

»*Herbert* war heute vielleicht fleißig …« – Herbert?

»Ja, unsere *Waschmaschine*! Ich hab sie Herbert getauft. Ich finde, das passt gut zu ihr.«

Was soll man *dazu* sagen? Am besten gar nichts.

Vor ein paar Jahren kaufte ich mir ein Motorrad. Meine kleine Tochter trat aus dem Haus, schaute das silberglänzende Stück einen Moment lang an und sagte dann ohne Zögern: »Ich finde, sie heißt Susi.«

So ein Quatsch! Aber *immer* wieder ertappe ich mich dabei, dass ich durchs Haus rufe: »Ich fahr mal eben mit Susi zur Post!« Und wenn ich dann vor meinem Motorrad stehe, sage ich sogar manchmal leise zu ihr, damit es *bloß* keiner hört: »Na, Susi? … Wie wär's mit einem kleinen *Ausritt*?«

Diese verrückten Weiber!

Sie machen einen total meschugge.

»Eine Frau, die nicht rätselhaft ist,
ist eigentlich gar keine.«
Theodor Fontane

Grund Nr. 59

Weil Frauen nicht nur Fußball spielen und boxen, sondern auch ausgezeichnet Auto fahren können

Dabei *können* Frauen nicht Auto fahren! Das weiß doch jeder! Auch, wenn er *sonst* nichts weiß ... beziehungsweise b*esonders* dann! Aber wer ist Fußball-Weltmeister? Die deutschen *Frauen*. Wie heißt der zwölf Jahre ungeschlagene deutsche Box-Weltmeister mit Vornamen? *Regina*. Und wie der Autofahrer-Held, der als einziger Deutscher bisher die bestialische Rallye Paris–Dakar gewonnen hat? *Jutta*.

Tja. Scheiße ... das ist bitter. Besonders für Männer, für die Fußball, Boxen und Autofahren der letzte männliche Lebensberechtigungsschein ist. Mann, auf nichts ist mehr Verlass! Noch nicht mal mehr auf die Unfähigkeiten der Frauen ...

Ich jedenfalls weiß nur, dass alle Frauen, die ich kenne, auch klasse Auto fahren können. Mag sein, ich kenne nur komische Frauen. Aber keine von ihnen, das schwöre ich, hat einen Schnurrbart. Und ich bin auch gern *Beifahrer* dieser Frauen. Sie fahren souverän, sie fahren gelassen und vor allen Dingen müssen sie am Lenkrad niemandem etwas beweisen. Besonders nicht schnurrbärtigen Herrenfahrern.

Und wenn so eine gute Autofahrerin auch gern bei *mir* Beifahrerin ist, dann ehrt mich das. Und hat sie – was ich *liebe* – auf einer langen Autobahn-Nachtfahrt auch genug Vertrauen in mich, um friedlich neben mir *einzuschlafen*, zeichnet mich das aus. Dann bin auch ich ein ausgezeichneter Autofahrer.

Und ein glücklicher ...

»So schlecht können wir Männer gar nicht sein,
sonst würden nicht so viele Frauen versuchen, uns ähnlich zu werden.«
Marcello Mastroianni

Grund Nr. 60

Weil Frauen die Welt mit anderen Augen sehen und wir da manchmal auch durchgucken dürfen

Diesen Satz kennt jeder: »*Vier* Augen sehen *mehr* als zwei.« Jaja, schon recht. Aber weiß denn auch *jeder*, dass diese vier Augen *dann* am meisten sehen, wenn die zwei Augenpaare zu zwei verschiedenen *Geschlechtern* gehören? Genau: Am *meisten* auf dieser Welt entdeckt immer noch die Kombination aus zwei *Männer-* und zwei *Frauenaugen*.

Denn Frauen sehen und erfahren Dinge, die ich nie entdecken würde – und wenn ich *wochenlang* durch die Welt da draußen wandern würde. Klatsch und Tratsch aus der Nachbarschaft (wobei ich ja immer nur so *tue*, als ob er mich nicht interessiert), Skandale und Sensationen aus dem Bekanntenkreis (die ich ja vor lauter Diskretion noch nicht mal zur Kenntnis nehmen würde, wenn man sie mir ins *Gesicht* sagte) ... ja, wenn Frauen uns Männern ihre Augen leihen, ist die Welt plötzlich *doppelt* so groß. Und mindestens doppelt so *interessant*.

Und was das Schönste ist: Man muss dafür noch nicht mal zu *zweit* durch die Straßen laufen. Kluge, gewiefte Paare handeln ja lieber nach der alten Guerilla-Taktik ›Getrennt marschieren – vereint schlagen‹.

Und wenn die Frau dann am Abend wieder sensationelle Neuigkeiten mit nach Hause bringt und dem Mann stolz wie eine Katze die Beute ihres Raubzuges präsentiert (›Look, what the cat dragged in!‹), dann befolgt man die *Guerillapaar-Regel Nr. 2* noch einmal um so *lieber*: ›Getrennt marschieren – vereint schlafen‹.

»Meine Frau kennt Gott und die Welt.
Ich kenne nur Gott – und auch den nicht besonders.«
Friedrich Dürrenmatt

Kapitel Sieben

LUST & LEIDENSCHAFT

»Lolita,
Licht meines Lebens, Feuer meiner Lenden.
Meine Sünde, meine Seele.«
Vladimir Nabokov

Grund Nr. 61

Weil Frauen den Kopf und das Herz voller verrückter Träume haben

Die meisten Männerträume sind ja eher einfach: Ein Mann will toll sein, reich sein und berühmt sein. Und dazu noch einen Harem voll mit wunderschönen Frauen haben, die so dermaßen exklusiv sind, dass seine Kumpels die noch nicht mal im ›Playboy‹ auf Papier angucken können.

Frauenträume sind da ganz anders: Eine Frau will toll sein, reich sein und berühmt sein. Und dann soll noch ein Ritter auf einem weißen Pferd kommen und sie mit an einen wunderschönen Ort nehmen, der so dermaßen exklusiv ist, dass ihre Freundinnen den noch nicht mal beim Blättern im Urlaubs-Prospekt angucken können. Kurz: Männer träumen eher für sich allein, Frauen lieber von sich zu zwein. Nur, dass es den Ritter dazu leider meistens nicht gibt. *Immer* noch nicht ...

In einem Internet-Forum las ich kürzlich das Lebensmotto einer jungen Frau: »Leben heißt für mich, mehr Träume in meiner Seele zu haben, als die Realität zerstören kann.« – Tja. Verständlich. Aber was *sind* das eigentlich für ›Träume‹, die mit der bösen Realität so unvereinbar sind, dass sie reihenweise scheitern müssen? Und stammen diese Träume eigentlich wirklich aus der ›Seele‹?

Ich befürchte manchmal, viele Frauen verwechseln ›Träume‹ mit ›Vorstellungen‹. Verwechseln *innere* Bilder, die aus dem Unbewussten in ihnen aufsteigen, mit Bildern, die ihnen von außen *vorgestellt* werden, in ihr Inneres einsickern und sich im Unbewussten ansammeln. Denn die meisten dieser ›Vorstellungen‹ sind wahrscheinlich nur unbewusste Erinnerungen an ›Kino-Vorstellungen‹.

Aber die Sprache bringt wie immer die Wahrheit an das Licht: »So hab ich mir das aber *nicht vorgestellt*! Ich hab gedacht, ich *heirate*, und dann ist alles *gut*!«, jammerte mir kürzlich eine Frau vor, die trotz Traumheirat auch weiterhin Probleme im Leben hatte. »Und meine große Liebe hab ich mir *auch* anders vorgestellt. Irgendwie *größer*!« – Ja, wie groß *denn*? Wie in einer Julia Roberts-Hollywoodproduktion etwa?

Mal ehrlich: Millionen Vorstellungsbilder aus Filmen und Fernseh-Soaps, Bühnen-Musicals und Liebesromanen, erdachte und gemachte Wunschträume in Romantikrosarot – wie sollen wir normalen Männer in der Wirklichkeit diese angeblichen ›Seelen-Träume‹ je erfüllen können?

Ich fragte einmal eine hochintelligente Frau, die unter der Langeweile ihres Lebens und ihrer Beziehung wirklich litt, ob es nicht sein könne, dass dieses öde Gefühl vielleicht mit ihrem unentwegten Kino-Gerenne und DVD-Gegucke zusammenhinge. Mit ihrem unablässigen Einsaugen von ausgedachten und künstlich komprimierten Liebesgeschichten, bei denen Frau und Mann in 90 Minuten mehr Erregendes erleben als unsereins in 90 Jahren.

»Kann sein«, antwortete sie mit staunenden Augen. »Gut möglich. Ja, *daran* hab ich ja noch *nie* gedacht!«

Man *glaubt* es nicht. Frauen fallen wirklich auf alles rein!

Und manchmal ja glücklicherweise auch noch auf *uns*.

Und wenn es dann mit ganz viel Glück im Bett sogar *noch aufregender* wird, als sie es sich von Hollywood je hat vorträumen lassen, dann erlebt die Frauenseele allerdings *wirklich* ihren Traum: »Mann, das bin ja *ich*! ... Das sind ja *wir*! ... Und das ist wirklich *echt* hier!«

Ja! Und sooo *schön* hab ich mir das ehrlich gesagt *auch nicht* vorgestellt.

»Du fragst mich, Kind, was Liebe ist?
Ein Stern in einem Haufen Mist.«
HEINRICH HEINE

GRUND NR. 62

Weil es so aufregend ist, Frauen beim Tanzen zuzusehen

Frauen kennen das: *Sie* tanzen – und die Männer schauen *zu*. Blöde Typen. Glotzen einfach nur doof, und man weiß noch nicht mal, was sie dabei denken! Falls sie *überhaupt* irgendwas denken, die Dödel ...

Auch ich habe schon hunderte Stunden damit zugebracht, Frauen beim Tanzen zuzusehen. Und es gibt nichts Tolleres. Und denken tu ich dabei jede Menge! Und fühlen auch! Aber *was*, sage ich natürlich nur *der* Frau, deren wunderbare Bewegungen all das in mir *hervorrufen*, logisch.

Aber, Männer, habt Ihr auch schon mal gesehen, wie eine Frau, die sich *unbeobachtet* fühlt, tanzt? In ihrem Zimmer, auf einer Wiese, in einer leeren Bar? Schaut genau hin – und Ihr wisst *alles* von ihr. Zumindest bekommt man eine *Ahnung* davon, wer sie gern *sein* möchte: Die Prinzessin. Die Verführerin. Die Diva ...

Und wenn man diese Frau dann etwas näher kennenlernt, also auch von *innen* – rein *geistig* gemeint jetzt –, dann erfährt man ja auch, ob das, was sie *ist* und das, was sie gern *wäre*, übereinstimmen. Und wenn *nicht*, sollte man ihren Traum wenigstens stillschweigend *respektieren*.

So wie eine Frau ja auch *unsere* Träume respektiert. Ihr wisst schon: den Traum von der Rockband. Den von der Ausstellung der noch nicht mal gemalten Bilder. Den 1. Platz in der Formel 1. Oder diese supergeniale Geschäftsidee mit null Arbeit und Kohle satt ... wir *verstehen* uns?

Gut.

»Einen Menschen lieben heißt
ihn so sehen, wie Gott ihn gemeint hat.«
FJODOR MICHAILOWITSCH DOSTOJEWSKI

Grund Nr. 63

Weil wirklich schöne Frauen nicht nur äußerlich schön sind

Kennen Sie den Satz ›Beauty is only skin deep‹? – Leider häufig wahr. Manches Top-Model ist wirklich nur so lange schön, bis es zum ersten Mal den Mund aufmacht. Und alle rundherum blitzschnell die Ohren zuklappen. Weil: Dummheit *könnte* ja auch *ansteckend* sein.

Aber letztlich ist Schönheit eine Frage der Definition. Und was war noch mal der Unterschied zwischen ›hübsch‹ und ›schön‹?

Eine Frau, die ›hübsch‹ ist, ist es außen, aber eine Frau, die ›schön‹ ist, ist es außen *und* innen. ›Hübsch‹ ist eine Verpackung, ›schön‹ ist eine Verpackung *und* ihr Inhalt. Kurz: ›Hübsch‹ ist eine *Form*, aber ›schön‹ ist eine Form, die mit ihrem Inhalt *harmoniert.*

Noch etwas deutlicher bitte?

Aber gern: Eine *hübsche* Frau verschwindet, wenn man die Augen zumacht. Aber eine *schöne* Frau ist auch dann noch schön, wenn man das Licht ausgemacht hat.

Noch deutlicher?

Na gut: Eine Frau, die *hübsch* ist, möchte gern *beleuchtet* werden. Aber eine Frau, die *schön* ist, leuchtet aus sich *selbst.* Eine *hübsche* Frau zieht *Scheinwerfer* auf sich, aber eine *schöne* Frau *ist* ein Scheinwerfer.

Und wir männlichen Motten fliegen ja bekanntlich immer dem *Licht* entgegen.

»Es gibt Frauen, die nicht schön sind,
sondern nur so aussehen.«
Karl Kraus

Grund Nr. 64

Weil Frauen uns nicht verraten, wie sie untereinander über Männer reden

Wie sie über uns reden? Pah! *Das* ist doch gar nicht so schlimm. Viel schlimmer ist doch, *was* sie alles über uns erzählen! – Nämlich *alles* …

»Bei den Dreharbeiten von ›Bandits‹ waren wir fünf Frauen auf einem Haufen. Da hätte sicher so mancher Mann etwas darum gegeben, bei uns Mäuschen zu spielen, als wir uns über die Jungs, das Ficken und die Penislänge unterhalten haben«, offenbarte Filmschauspielerin Katja Riemann kürzlich in einem Zeitungsinterview.

Na toll. Jungs, die mit ihrer Penislänge ficken. Das ist ja *wahnsinnig* interessant. Welche Männer wären für *solche* Erkenntnisse nicht *sofort* zu einem Mäuschen mutiert …

Aber auch total nette und liebenswerte Frauen sagen heutzutage manchmal Sachen, die mir die Haare zu Berge stehen lassen. Und das nicht nur auf dem Kopf …

Nicht genug nämlich, dass Frauen wie früher höchstens mal scheu darüber scherzen, dass sie mal ›was Warmes in den Bauch‹ bräuchten. Nein, heutzutage finden sie trotz ihrer so häufig betonten ›Sensibilität‹ nicht mehr das Geringste dabei, in x-beliebiger Gesellschaft über gerade stattgefundene Liebesnächte in so dermaßen deutlicher Krassheit über das Wunder und das Geheimnis der körperlichen Liebe zu reden, dass vollkommen ahnungslosen und immer noch naiven Vollromantikern wie mir das Käsebrot dabei im Hals stecken bleibt!

»Mann, ich hab mir heute Nacht mal wieder so richtig den Bauch vollficken lassen«, verkündete kürzlich fröhlich die Freundin meiner Freundin am Frühstückstisch, um das männliche Liebesgehoppel ihres Vollfickers dann auch noch gickernd mit einem ausführlichen Vortrag über seine ›Vorhautprobleme‹ zu garnieren. Puh.

Und das, während der total ahnungslose und sich wahrscheinlich total toll wähnende Vorhautbesitzer noch in der dritten Vormittagsstunde an der hämmernden Doppelloch-Stanze sein Gewissen martert, ob er es wohl in der gestrigen Liebesnacht auch wirklich geschafft hat, seine Seele so voll und vorbehaltlos in die der Geliebten zu ergießen, wie es die Liebe von einem Mann ja fordert, der über die reine Rammler-Phase hinweg ist.

Während Frauen da anscheinend gerade erst reinrutschen.

Nein, Frauen, ehrlich: Nichts gegen eure sogenannte ›Emanzipation‹, auch wenn sie leider oft nur in der Nachahmung der dümmsten Männerfehler aus zehn Jahrhunderten besteht. Aber müsst ihr deshalb dann auch noch so gnadenlos peinlich sein?

Warum nennt man denn das, was Frau und Mann am liebsten zu zweit erledigen, überhaupt noch ›Intimsphäre‹? Und warum, verdammt noch mal, wenn ihr *sowieso* jedem *alles* erzählt, tun wir's dann nicht *gleich* auf der Straße?

Meine einzige Hoffnung: Frauen, die zu einem Mann *wirklich* tiefe Gefühle in sich entdecken, entblößen *diese* neue Seite an sich vielleicht nicht gleich so gern vor anderen Frauen. Sondern können so ein wunderbares Geheimnis auch mal unter vier Augen behalten.

Für ein paar Stunden jedenfalls.

Und wenn nicht, müssen wir Männer eben wieder zwei Augen zudrücken. Und die Ohren am besten gleich mit.

»Ein zu enges Kleid beweist, dass eine Frau eine Frau ist.
Es beweist aber auch, dass sie keine Dame ist.«
Sir Alec Guinness

Grund Nr. 65

Weil Frauen so dermaßen gut küssen können, dass man unwillkürlich vor ihnen auf die Knie geht

Ich glaube, ich bin ein stolzer Mann. Und ein bisschen *dickköpfig* wahrscheinlich auch. Denn ich hab es schon als kleiner Junge gehasst, wenn mein Vater mich dazu zwang, vor jedem hergelaufenen Erwachsenen meinen ›Diener‹ zu machen, jemandem die Hand zu geben und mich dabei tief zu verbeugen. Das machte mich innerlich irgendwie *extra* steif. Und seitdem blieb ich aufrecht und beugte mich vor *niemandem* mehr.

Bis ein Mädchen, das ich sehr begehrte, weil es von einer außergewöhnlich geheimnisvollen Aura umgeben war, mich eines Tages überraschend in meiner Bude besuchte. Sie setzte sich auf einen Stuhl und sah mich an. Und ihr ebenmäßiges Gesicht über ihrem weichen Pelzkragen strahlte wie ein Madonnenbildnis.

Und dann, ich weiß nicht mehr, wie es dazu kam, nur *dass* es dazu kommen musste, denn *dazu*, so verriet sie mir später, war sie damals schließlich *gekommen*, beugte ich mich zu ihr hinunter und küsste sie. Und dann fing etwas an – und hörte *nicht* mehr auf.

Und als unsere Lippen sich dann doch irgendwann voneinander lösten, fand ich mich auf den Knien vor ihr wieder. Und ich schaute hoch in ihr Gesicht und hörte mich sagen: »Bitte ... noch *mal* ... bitte.«

Wie gesagt: *Ich* werde mich vor *niemandem* mehr verbeugen, geschweige denn auf die Knie gehen. Nicht vor einem Papst, nicht vor einem König. Nur bei einer *Königin* ... da bin ich mir nicht mehr so *sicher*.

»Küsse sind das,
was von der Sprache des Paradieses übrig geblieben ist.«
Joseph Conrad

Grund Nr. 66

Weil Frauen uns Männer mit Sex locken, damit wir mit ihnen die Liebe entdecken

Viele Frauen, so hört man, verwechseln *Sex* mit *Liebe*. Und fühlen sich dann enttäuscht. Und viele Männer, so hört man leider auch, nutzen diese Unwissenheit aus und täuschen *Liebe* vor, um nur *Sex* zu haben. Alles nicht so *einfach*. Ein bisschen *Erfahrung* scheint da allerdings zu helfen.

In einem Interview mit einem weiblichen Pornostar las ich einmal den klugen Satz: »Sex kannst du mit *jedem* machen, sogar mit jemandem, den du *liebst*.«

Und das gab mir zu denken. Denn auch ich war mir da unsicher. Lassen sich Sex und Liebe wirklich so einfach auseinanderhalten? Verschmilzt heutzutage nicht *alles* im Rausch der Erotik, der Geilheit der Leidenschaft, der bizarren Formen, Farben und Gerüche, der gerüschten Unterhosen mit offenem Schritt und der Vibratoren?

Geht nicht alles *heillos* durcheinander im Getümmel der Wollust, im Taumel der Gelüste, im Disco-Rhythmus der schrillen Quickficks und im Galeerentrommel-Schlag der dumpfen Rudelrammelei? Kann ein Mensch bei all der modernen Querfeldeinfickerei da überhaupt noch *durchblicken*? Durch seinen Kopf, sein Herz und seinen Bauch? Und was ist eigentlich *wirklich* der Unterschied zwischen Liebe und Sex?

Sagen wir es doch mal so: Man muss einen Menschen nicht *lieben*, um mit ihm guten Sex zu haben. Aber mit einem Menschen guten *Sex* zu haben, und dabei auch noch zu spüren, dass man ihn *liebt* und von ihm *geliebt* wird – puh!

»Sie war eine Blondine von der Art, die einen Bischof dazu bringen kann, mit einem Ball ein Loch in ein Kirchenfenster zu schießen.«
Raymond Chandler

Grund Nr. 67

Weil Frauen uns das Gefühl geben, dass wir Männer im Bett echt heiß sind

Tun Frauen das *wirklich*? Oder meinen sie mit ›heiß‹ eigentlich eher, dass wir Männer ›immer *so* schön *warm*‹ sind? Während Frauen ja selbst im Bett noch *kalte Füße* haben, obwohl es da manchmal echt *heiß* hergeht …

Aber geht es in deutschen Betten *wirklich* heiß her? Keine Ahnung. Ich bin nicht dabei, wenn andere Menschen den Geschlechtsakt vollziehen. Ich weiß nur, wenn ich dem *Volksmund* so aufs Maul schaue und seine Bezeichnungen für das gute alte Rein-raus-Spiel höre, dass Sex anscheinend gar nicht so häufig im *Bett* stattfindet. Sondern eher im *Baumarkt*.

Oder wo sonst wird so leidenschaftlich gern *genagelt*, *gebrettert*, *gehobelt*, *gebumst* und manchmal auch gern *ein Rohr verlegt*? Oder in der Kfz-Werkstatt, wo man seine *Alte* erst mal *aufbockt* und sie dann *knattert*, *rattert* und *rödelt* bzw. sie am liebsten gleich komplett *wegflext*? Oder im dunklen Hinterhof, wo jeder Proll mal eben eine Runde *poppen*, *pimmeln* oder *rammeln* kann? Oder seiner geliebten Tusse, wenn's denn schnell gehen muss, halt eben kurz was *in die Muschel rotzt?*

Sorry … aber so *nennen* sie es! Und vielleicht *machen* sie's sogar so. Und ich erwarte ja auch nicht, dass *alle* Männer sich so gewählt ausdrücken wie einer meiner Freunde, der auf Partys manchmal leise in mein Ohr flüstert: »Schau mal, diese *Dame* dort drüben, die erscheint mir aber *ausgesprochen* koitabel …«

Aber *schöner* wär's schon, oder?

»Es gibt zwei schlimme Momente im Leben einer Frau: Der erste ist, wo die Frau merkt, dass ihr Mann nicht weiß, wo die Klitoris ist. Und der zweite, wenn er es begriffen hat und daran rumarbeitet wie ein Geisteskranker.«

Oswalt Kolle

GRUND NR. 68

Weil man mit Frauen so wunderbar schlafen kann

Ja, und das sogar auch ohne Sex! Und manchmal dann sogar noch viel wunderbarer. Weil Frauen sich im Bett so gerne *an uns* kuscheln. Und weil selbst ruppige und brummige Männer, wie leider ja auch ich manchmal einer bin, nach einem langen, harten Tag voll Glück und Wonne in die *Löffelchen-Haltung* rutschen.

Weil natürlich, denn seien wir doch ehrlich, Männer, nicht nur unsere Frau sich bei *uns*, sondern auch *wir* uns bei unserer *Frau* dann geborgen und geschützt fühlen. Und während draußen in der wilden Welt die bösen Buben toben, wir in warmer, sanft herzklopfender Stille den tiefsten Frieden genießen, der einem Menschen, wenigstens für ein paar Stunden jede Nacht, vergönnt ist.

Ich erinnere mich, dass ich, lange nachdem wir schon getrennt waren, noch einmal bei meiner ehemaligen Freundin übernachtete. Und dass ich dabei ausnahmsweise *wirklich* nicht an Sex dachte. Sondern einfach nur, was mich selbst überraschte, den sehnsüchtigen Wunsch verspürte, noch einmal *eine* Nacht lang *neben* ihr zu liegen.

So, wie wir so *viele* Nächte zuvor nebeneinander gelegen hatten. Meinen Hintern in ihren warmen Bauch gedrückt. Ihren Arm vertraut auf meiner Hüfte. Und ich weiß noch heute, wie *glücklich* ich war und wie still und tief *zufrieden*, als wir uns wie zum endgültigen Abschied noch einmal so ineinander schmiegten und friedlich einschliefen.

»Drei Dinge helfen, die Mühseligkeiten des Lebens zu tragen: die Hoffnung, der Schlaf und das Lachen.«
IMMANUEL KANT

Grund Nr. 69

Weil Frauen an einem Männerschwanz mehr als nur nackte Zahlen zu schätzen wissen

Gestern hat mich ein Mann penetriert, dessen Schwanz einen Durchmesser von 3,8 Zentimetern hatte, eine Länge, im erigierten Zustand selbstverständlich, von 15,3 Zentimetern, und er erreichte dabei eine Durchschnittsfickgeschwindigkeit von 198 Stößen in der Minute.« – Reden Frauen *so* über den Geschlechtsakt? Hoffentlich *nicht*.

Männer schon. Jedenfalls die dreisten Buben, die mir hier im Minutentakt ihre *Penis-Enlargement-Mails* in den Elektronikbriefkasten jagen. Und obwohl sie mich gar nicht sehen können, entsetzt ausrufen: »Oh my *goodness*! ... Your penis is *below* average size! ... Add 3 inches with this ...« – Ach, leckt mich doch. Jedenfalls elektronisch. Als ob es auf die *Größe* ankäme. Oder? Letztlich kommt es bei einem Mann doch wohl immer noch drauf an, wie er seinen Joystick *bewegen* kann. Und den ganzen restlichen Mann hintendran.

»Du hast einen ganz normalen, durchschnittlichen Schwanz«, sagte mir mal eine Frau, nachdem sie mich in ihrem Testlabor hatte. Da musste ich kurz schlucken. Aber *dann* sagte sie noch etwas Nettes *hintendran*, das niemanden etwas angeht. Und das besänftigte mich wieder.

Aber hatte sie das Zweite auch wirklich ernst gemeint? War es wirklich wahr? Oder *wollte* ich es nur gern glauben?

Mann-mann, mit dem, was Frauen so sagen, ist es wie mit der Religion: Man kann es nicht *beweisen*. Aber man möchte es manchmal schon *verdammt gern* glauben.

»Liebe ist die Antwort, aber während man auf die Antwort wartet, entstehen durch Sex einige hübsche Fragen.«
Woody Allen

Grund Nr. 70

Weil Frauen von Männern träumen, die es leider nicht gibt auf dieser Welt

Die italienische Schauspielerin Anna Magnani, eine Wuchtbrumme von einem Weib, brachte dieses liebenswerte Leiden der Frauen auf den Punkt: »Der ideale Mann? Der Mann, von dem alle Frauen träumen und den keine kennt.«

Und warum kennt ihn keine? Ich befürchte: Weil es ihn nicht gibt. Denn keiner von uns, Männer, *ist* dieser ideale Mann. Ich nicht, ihr nicht, keiner. Traurig, aber wahr.

Besonders traurige Wahrheit ist das vor allen Dingen für *die* Frauen, die ihr Leben lang mit wachsender Verzweiflung nach ihm *suchen*. Und ich meine hier nicht kleine Mädchen, die irgendeinen Film sehen und sich dann irrsinnig nach Brad Pitt sehnen, bis sie nächste Woche einen Film mit Johnny Depp sehen. Ich meine ernstzunehmende Frauen, die anscheinend von Kindesbeinen an ein eingeborenes Bild von einem männlichen Wesen in sich tragen, das sie aber trotz intensivster Suche nirgendwo auf dieser Welt entdecken können.

Frauen wie meine Freundin X. zum Beispiel, die sich regelmäßig auf Feten, nachdem sie das anwesende Männer-Material gesichtet hat, vor uns mit sich selbst so zufriedenen Typen hinstellt und aus vollstem unbefriedigtesten Herzen schreit: »Was seid ihr eigentlich für *Männer*! Mit euch ist doch *nichts los*! Ihr seid doch alles *Schlappschwänze*!«

Und dabei auf ihre Art genauso unglücklich ist wie meine Freundin Y., die immer wieder, voller Hoffnung auf *den Einen*, Männer kennenlernte, um sich nach kürzester Zeit enttäuscht von ihnen abzuwenden, weil sie in keinem fand, was sie suchte.

Mann, das tut weh. Gar nicht mal so sehr, weil selbst *man selbst* diesen wunderbaren Frauen nicht *der* Kerl sein kann, den sie sich so sehr wünschen. Sondern weil es ihn auch wirklich nicht zu *geben* scheint – diese Art von Mann, nach dem ihre Seele sich sehnt.

Woran liegt das?

Ich will jetzt hier nicht astrologisch werden, aber es gibt mir in diesem großen Rätsel wenigstens eine *gewisse* Ruhe, erkannt zu haben, dass Frauen, bei denen ich diese ebenso tiefe wie unstillbare Sehnsucht feststelle, häufig im Sternzeichen ›Fische‹ geboren sind. Dem letzten, abschließenden und alles vollendenden Zeichen des Tierkreises. Von deren Vertretern man sagt, ihre uralte Seele hätte eigentlich schon alles Menschliche auf Erden durchlebt. Und wäre nur höchst ungern noch einmal für eine weitere Runde zurück auf diese Welt gekommen. Denn all unser oh so wichtiges Getue und Gemache käme diesen fast schon *jenseitigen* Wesen nur noch ziemlich banal und bedeutungslos vor.

Wäre das eine mögliche Erklärung?

Mer *waas* es net. Mer *schdeggd* net drin. Mer *mungelds* nur. Was also kann man zu ihrem und zu unserem eigenen Trost sagen? Vielleicht hängen die Träume dieser Frauen wirklich etwas zu himmelhoch. Vielleicht fliegen wir Männer aber auch wirklich alle noch etwas zu niedrig. Denn *wir* haben es doch leicht mit unseren Wünschen an die Zukunft: Wir träumen zum Beispiel davon, zum Mond zu fliegen, entwickeln die Technik dazu und machen es. Kein unlösbares Problem.

Aber diese Frauen träumen nicht wie wir Männer von zukünftiger Technik, sondern von den zukünftigen *Menschen*, die wir Männer ihnen irgendwann einmal sein könnten. Haben eine *Vision* von Männern, die es *so* leider noch nicht gibt auf dieser Erde.

Noch nicht.

Aber wenn diese Frauen nur kräftig genug weiter träumen, wer weiß, vielleicht werden diese Männer ja doch noch irgendwann geboren. Am besten von diesen Frauen selbst.

»Den idealen Ehemann gibt es nicht.
Der ideale Ehemann bleibt ledig.«
Oscar Wilde

Kapitel Acht

TAGE & NÄCHTE

»Das Flüstern einer schönen Frau hört man weiter als den lautesten Ruf der Pflicht.«
Pablo Picasso

Grund Nr. 71

Weil Frauen Dinge von einem Mann wissen, die noch nicht mal sein bester Freund weiß

Und auch hoffentlich *nie* erfahren wird. Es sei denn, die *Freundin* des Mannes ist mit der Freundin des besten *Freundes* befreundet. Dann, ja, *dann*, dann kann man eigentlich nur noch beten.

Denn es gibt Dinge, die sind *so* geheim, dass ein Mann sie noch nicht einmal von sich *selbst* gern wissen möchte: Wie er stöhnt und jammert, wenn er von der Arbeit kommt. Wie abfällig und verächtlich er manchmal von seinen Kollegen spricht. Und wie selbstgefällig er sich in überheblichen Momenten sogar über seine zwei-drei Freunde erhebt …

Wie hilflos meckernd er durch die Wohnung tapert wie ein verirrtes Schäfchen, wenn er mal wieder etwas Wichtiges verlegt hat. Wie er winselt, wenn er sich mit dem Kartoffelschälmesser in den Finger geschnitten hat und es *vielleicht* sogar gleich zu *bluten* anfängt!

Weil er nämlich kein Blut sehen kann, ohne dass ihm schwindlig wird, weil er beim Pikser einer Spritze leichenblass wird und weil er heimlich betet, wenn das Urlaubsflugzeug startet: »In *Deine* Hände, Gott, übergebe ich meine *Seele* …«

Und dann natürlich, dass er schnarcht. Und wie er stöhnt und seufzt und ächzt im Bett, wenn er mal ausnahmsweise *nicht* schläft. Und dann natürlich: Was für ein *Gesicht* er macht, wenn der Blitz in ihn fährt, sein gesamtes männliches Universum über ihm zusammenbricht und er einen Orgasmus hat.

Ach ja. Ach jeh. Aber will man das als Mann denn auch *wirklich* so genau *wissen*? Reicht es denn nicht, wenn die *Frau* das alles schon weiß?

Und dass sie auch seine *sanfte* Stimme kennt, wenn er seine seltenen *Wallungen* kriegt und ausnahmsweise mal *zärtlich* zu ihr ist? Und dass er zu ihr dann süße, unsinnige Worte sagt, für die er andere Männer bis auf die Knochen auslachen würde, wenn er nur ahnte, dass die derartige Worte überhaupt kennen? Und: Dass er leise weint und wimmert, wenn sein Herz mal so richtig windelweich gekocht ist, und sie sanft sein Köpfchen auf ihrem Schoß streichelt?

Aber bei aller gefährlichen *Klatschsucht* der Frauen, ich glaube, ein Mann kann in solchen intimen Fällen darauf vertrauen, dass es im Herzen seiner Frau eine Ecke gibt, in der sie wenigstens ein *paar* Geheimnisse des gemeinsamen Tisches und Bettes für immer und ewig bei sich behalten wird.

Allein schon, weil es nicht nur schön, sondern auch ein echter Zauber ist, dass es Dinge auf dieser großen weiten Welt gibt, von denen für jetzt und immerdar einzig und allein nur *zwei Menschen* wissen.

Und natürlich der liebe Gott.

»Wo Vertrauen ist, dort ist Liebe.
Wo Liebe ist, dort ist Frieden.
Wo Frieden ist, dort ist Wahrheit.
Wo Wahrheit ist, dort ist Glückseligkeit.
Wo Glückseligkeit ist, dort ist Gott.«
SAI BABA

GRUND NR. 72

Weil Frauen dafür sorgen, dass ein Mann auf dem Kopf nicht aussieht wie ein Bär zwischen den Beinen

Ich gehör' ja noch zu denen, für die Lange-Haare-haben-Dürfen eine revolutionäre Errungenschaft war. Als Junge kriegte ich jede Woche einen raspelkurzen ›Fassonschnitt‹ mit linealgeradem Scheitel verpasst, und es war wie ein neues Leben für mich, als mein Kopf endlich mir gehörte und ich nie wieder einen Friseursalon von innen sehen musste.

Und wozu auch? Es gab doch so viele Mädchen, die nur zu gern mal ausprobieren wollten, eine schulterlange Matte zu beschneiden. Und das waren immer schöne Momente, wenn es mit der Schere zwar stylingmäßig etwas in die Hose ging, aber mit der Freizeitfrisöse und mir manchmal sogar bis *unter* die Hose.

Und wenn grad kein Mädchen da war, war's mir auch wurscht. Jedenfalls auf dem Kopf. Warum Haare schneiden, wenn sie *eh* wieder wachsen? Warum kämmen, wenn sie *eh* wieder durcheinander kommen? Und warum waschen, wenn sie wieder fettig werden? – Ja: allerfeinste faule Hippie-Philosophie.

Kurz: Ich ließ mich geh'n. Und auf dem Kopf und überall sonst die Haare wuchern, wie der liebe Gott sie wachsen ließ. Weil: *Der* hatte sich sicher schon was dabei gedacht!

Bis irgendwann eine geliebte Frau mir ebenso knochentrocken wie knallhart ins Gesicht sagte: »Du siehst auf dem *Kopf* aus wie ein *Bär* zwischen den *Beinen*! ... Und du *riechst* auch langsam so ähnlich!«

Und das sind so Momente zwischen Mann und Frau, finde ich, die ein Mann sich merken sollte. Unvergessliche Worte, bei denen sogar mir ein Hauch von Schamesröte ins ungewaschene Morgengesicht stieg.

Seitdem besitze ich eine Haarbürste und zwei Kämme, wasche mir auch fast immer *vor* dem fälligen Ölwechsel die Haare und besuche regelmäßig eine junge Friseurmeisterin hier im Hamburger Schanzenviertel, die einen so superguten Schnitt macht, der einem Mann nicht nur auf dem *Kopf*, sondern auch im verwuschelten *Schritt* gut stehen würde.

Tja, und jetzt müssen sich die Frauen nur noch um diese verfilzten Bären kümmern.

Dann ist die Welt wenigstens *optisch* wieder in Ordnung.

»Männer brauchen Frauen um sich,
sonst verfallen sie unaufhaltsam der Barbarei.«
ORSON WELLES

Grund Nr. 73

Weil Frauen manchmal einfach so verdammt praktisch sind

Eigentlich wollte ich hier ja etwas ausführlicher darüber reden, dass Männer – im Gegensatz zu dem, was *Frauen* immer behaupten – manchmal *sehr* romantisch sind, während Frauen – im Gegensatz zu dem, was *Frauen* immer behaupten – manchmal sehr *unromantisch* sind, besonders in so *vollromantischen* Momenten, wo man gerade dabei ist, sich in den allerschönsten Geschlechtsverkehr einzufädeln, und *plötzlich* fällt der Frau ein, dass wir ja noch *Heizöl* bestellen wollten und der *Steuerberater* hätte auch schon wieder angerufen, weil …

Aber die italienische Schauspielerin Anna Magnani bringt dann doch viel knapper und klarer auf den Punkt, was ich hier eigentlich sagen wollte: »Die Männer wünschen sich eine Frau, mit der man Pferde stehlen kann. Frauen wünschen sich einen Mann, mit dem man sich ein Auto kaufen kann.«

Genau. So ist es nämlich. Leider.

Und man kann es sogar *noch* deutlicher sagen. Jedenfalls die niederländische Feministin und Autorin *Anja Meulenbelt* kann es – *mir* würden so deutliche Worte ja *nie* über die Lippen kommen: »Hinter der kultivierten Distanziertheit der Männer verbirgt sich der Romantiker, hinter der romantischen Fassade der Frauen die Pragmatikerin.«

Tja. Wer hätte *das* gedacht? Ich.

Denn *ich* weiß ja auch, dass dieser weibliche Pragmatismus natürlich auch seine liebenswerten *Vorteile* hat. Manchmal, wenn ich mich in eine absolut spinnerte, weltfremde Romantik verflogen hatte, fingen die Frauen mich sacht wieder ein und setzten mich sanft auf den Topf der Tatsachen. Oder auch *nicht* so sanft, und dann lag ich flach auf dem Rücken. Aber in jedem Fall hatte ich nach meinem Höhenflug wieder *reichlich* Bodenkontakt.

Und die mindestens ebenso liebenswerte Kehrseite dieser praktischen Medaille ist, dass die Frauen uns Männer wirklich *dringend* brauchen. Damit sie emotional nicht noch *vertrocknen* vor lauter Nüchternheit …

Und deshalb haben wir Männer ja auch die *Romantik* erfunden. Diese sensationelle Idee, mit der man die ganze oh-so-sachliche Welt in einen zarten Zauber tauchen kann. Und dem weiblichen Zwangspragmatismus von dringender Heizöl-Bestellung, wichtigem Steuererklärung-Machen und schlichter Fortpflanzungs-Notwendigkeit noch im allerletzten Moment, bevor wirklich *alles* vorbei und ernüchtert ist, noch schnell den schummrig schimmernden *Silbermond* entgegenhalten kann, der neugierig durchs Fenster lugt, den hellglänzenden *Kerzenschein*, der sanft das Bett umflackert, und natürlich unser innig klopfendes *Herz* für unsere märchenhafte *Traumprinzessin*, in die wir doch nicht nur unseren *Samen*, sondern auch noch unsere *Seele* ergießen wollen.

Falls es so was wie eine Seele überhaupt gibt. Aber zur Not erfinden wir *die* dann eben auch noch.

»Frauen inspirieren uns zu großen Dingen – und hindern uns dann, sie auszuführen.«
ALEXANDRE DUMAS

Grund Nr. 74

Weil Frauen immer so schnell frieren und sich freuen, wenn man sie wärmt

Ich kann nicht behaupten, dass ich Außentemperaturen über 27 Grad als *angenehm* empfinde. Oder sagen wir es noch deutlicher: Ich *hasse* Hitze. Kälte hingegen macht mir eher wenig aus. Warum? Keine *Ahnung*. Aber die Frau, die mich aus unerfindlichen Gründen manchmal auch ›Moppel‹ nennt, friert *wirklich* leicht.

Ja: »Der Säufer und der Hurenbock, die frieren selbst im dicksten Rock!« – das weiß man. Aber dass fast *alle* Frauen, auch die treuesten und alkoholfernsten, soweit sie sich nicht einen schützenden kleinen Walfischspeck zugelegt haben so wie ich, allein schon bei der *Erwähnung* des Winters eine leichte Gänsehaut kriegen, das ist schon erstaunlich.

Aber für uns kälteresistente, leicht moppelige Männer natürlich eine *ideale* Gelegenheit, ihnen auf hilfreiche Weise *nahe* zu kommen. Denn zitternde Frauen sind extrem dankbar, wenn man sie aus dem gefühlten Frost (Außentemperaturen unter 10 Grad) herein in die warme Hütte bittet, ein Holzfeuer für sie entzündet im Kamin und Kerzen aufstellt vor ihren Augen. Und ihnen die kalten Füße warm reibt und ihre Hände.

Und vielleicht auch ihre Ohren. Und dann den ganzen Rest.

Und wenn das *auch* nichts mehr hilft, dann weiß der Frauenkenner: *Jetzt* hilft nur noch ein Platz an der *Sonne* …

»Jede Frau ist ein Geheimnis, das nach Lösung drängt.
Aber ihren wahren Liebhabern verheimlichen sie nichts.
Die Farbe ihrer Haut kann uns verraten, was sie sucht.
Ein Ton wie die Knospe einer Rose, rosarot bleich,
sehnt sich nach der Wärme der Sonne,
die ihre Blütenblätter zum Aufgehen verführt.«
Johnny Depp als ›Don Juan deMarco‹

Grund Nr. 75

Weil Frauen so gern in der Sonne liegen und danach noch viel lieber bei uns

Frierende Frauen muss man ins Flugzeug setzen. Und sie gottergeben dorthin begleiten, wo 24 Stunden am Tag die Sonne scheint und weißes Männerfleisch so blitzschnell brutzlig brät wie ein Würstchen auf dem Grill. Egal! Nur irgendwohin, wo es so heiß ist, dass die Steine schmelzen. Denn nur da, im Vorhof der Hölle sozusagen, tauen erfrorene Frauen wieder auf.

Dort muss man die erkälteten, ja, fast schon erkalteten, ja, nach eigener Beschreibung fast schon schockgefrosteten Frauen dann möglichst maximal unbekleidet auf den Rücken in den heißen Sand am Strand legen, sie in Richtung Sonne ausrichten und unter den gleißenden Strahlen einfach ein paar Stunden liegen lassen. Naja, okay, vielleicht sollte man sie dann noch alle halbe Stunde wenden, wenn man am Abend nicht sein rotes Wunder erleben will.

Und dann passiert wirklich ein Wunder: Denn dann laden Frauen ihre *inneren Batterien* wieder auf. Verwandeln wie *lebende Solarzellen* reine Sonnenenergie in pure Lebensenergie. Ja, Frauen machen es wie die *Eidechsen*, die still auf der Mauer in der Sommerglut liegen. Oder wie die *Schlangen*, die unsere Liebsten ja manchmal leider *auch* sind.

Während unsereins bei derartigem Sonnenflutlicht ja nichts dringlicher sucht als *Schatten*. Den Schatten einer strohgedeckten Strandbar zum Beispiel, durch die eine laue Brise weht. Ein Platz am Tresen mit Blick auf Meer und Sand und die regungslose Geliebte. Bei deren halbnacktem Anblick man sich schon darauf freut, wie dieses wieder quicklebendige Etwas uns am Abend *ganz* nackt an ihrer frischgewonnen Glut teilhaben lassen wird.

Und zur Vorbereitung darauf sollte man auch selbst ein wenig Kraft auftanken. Eine Flüssigkeit zum Beispiel, die aus Gin und

Tonic-Wasser besteht. Und das bitte im richtigen Verhältnis. Denn was ist das *Wichtigste* bei einem guten Gin Tonic?

Ein Gin Tonic darf auf *keinen Fall* nach Tonic schmecken.

»Des kleinen Mannes Sonnenschein
ist Vögeln und Besoffensein.«
DEUTSCHES SPRICHWORT

Grund Nr. 76

Weil Frauen nicht nur gut duften, sondern uns mit Glück auch gut riechen können

Mann, die *riecht* so gut!«, schwärmt ein Verliebter, und vergisst dabei, dass seine Liebste selbstverständlich nicht ›riecht‹, sondern ›duftet‹. Denn *riechen* tut ein Bratwurststand oder eine Fischbratküche, aber doch keine Frau!

Allerdings *können* Frauen verdammt gut riechen. Im Fernsehen sah ich kürzlich, wie mehrere Damen testweise an verschiedenen T-Shirts schnupperten, getragen und vollgeschwitzt von Männern, die sie nicht kannten, und dabei abwechselnd anerkennend nickten oder abweisend den Kopf schüttelten.

Ja, für das Naturparfüm eines Mannes haben Frauen echt ein Näschen! Und manchmal glaube ich sogar, in ihren tiefsten Tiefen gibt es eine ererbte Datenbank, in der die Männergeruchs-Erfahrungen hunderter Frauengenerationen gespeichert sind. Und – wer weiß – vielleicht erschnuppern Frauen sogar, was zusammen mit ihrem eigenen Wesensduft das bestmöglichste *neue Leben* ergibt. Geheimnisvoll, oder?

Also schätze Dich glücklich, Mann, wenn eine Frau plötzlich Dein ausgezogenes Hemd ergreift und sich über den nackten Leib zieht wie eine zweite Haut. Denn das bedeutet: Sie will nicht nur *innen erfüllt*, sie will auch noch *außen umhüllt* sein von Dir.

Ja, nicht nur *Du* fühlst dich wohl in *ihr* … nein, *sie* auch in *Dir*!

Hast *Du* ein Glück.

»Die Frau, die man liebt, riecht immer gut.«
Rémy de Gourmont

GRUND NR. 77

Weil Frauen einem Mann zeigen, wie er sich's auch allein schön machen kann

In seiner neuen Junggesellen-Wohnung nämlich. Und natürlich nur *vorübergehend*. Aber noch sitzt der Schock über die Trennung tief. Und aus der gemeinsamen Wohnung ausgezogen – *freiwillig* oder auch eher *nicht* –, sitzt der frischgebackene Single plötzlich wieder zwischen unausgepackten Pappkartons, fettigen Pizzaschachteln und leeren Dosen.

Und vorbei ist's mit der eigentlich schon so liebgewonnenen und gewohnten Schönheit des Wohnens und der angenehmen Sauberkeit, dem Glanz abgestaubter Dinge und dem schimmernden warmen Licht, der ganzen gemütlichen Harmonie und dem geheimen Schokoladeversteck ... und *alles* nur vorbei, weil es *aus* ist mit ihr.

Frisch wieder alleinlebende Männer kriegen oft von Frauen (Müttern, Schwestern, Freundesfreundinnen) zu hören, dass sie ja wieder in ihren alten Kinderzimmer-Räuberhöhlenzustand zurückgefallen sind. Und tun sich diese Männer dann auch noch selbst leid, so lassen sie es vielleicht sogar aus gekränktem Stolz und dummem Trotz rund um sich verdrecken: »Ja, soll sie doch *sehen*, oder hoffentlich wenigstens von anderen *hören*, was sie mir damit angetan hat!« Während seine Ex gerade in blendender Laune für ihren dankbar eingezogenen Neuen in spiegelblanker Küche ihre sensationellen Steaks brät ...

Männern, die eher aushäusig leben und sowieso nur nachts zum Rausch-Ausschlafen in ihre Bärenhöhle gekrochen kommen, kann ihr optisches Wohn-Elend eine Zeit lang egal sein. Männer allerdings, die wie ich viel zuhause sind (Schreiben, Online-Lesen, Schreiben, Computer-Spielen, Schreiben, Musikhören), leiden schon eher unter ihrer Unfähigkeit, um sich herum wenigstens einen erträglichen Anblick zu gestalten.

Dabei, wenn man seiner Ex nur mal kurz bei ihrem häuslichen Treiben zugeschaut hätte, wüsste man auch als Mann, wie man es sich not- und verlassenenfalls auch selbst ein bisschen ›schön‹ machen kann. Das Geheimnis der *Schönheit* ist nämlich ganz einfach: einfach alles *Hässliche* wegwerfen.

Einfach alles, was rund um einen herum beim Ansehen zwar *funktionell* ist, aber ansonsten nur grottenhässlich – weg damit. Und nur das, was darüber hinaus auch *ästhetisch* aussieht, stehen lassen. Kurz: nur Möbel, Dinge, Gegenstände, auf denen der Blick auch etwas *länger* ruhen kann, ohne dass einen Brechreiz überkommt, in seinem Blickfeld belassen.

Wichtig also, meine Herren: es sich auch als frischgebackener *Junggeselle* nach Kräften schön machen. Allein schon deshalb, dass eventueller *neuer Damenbesuch*, der »Nur mal kurz auf einen Kaffee!« mit raufkommt, gleich als Erstes erleichtert denken darf: »*Gott* sei Dank – er sucht keine *Putzfrau*!«

Und als Zweites: »Hey – er hat sogar *frische Bettwäsche* aufgezogen!«

Und als Drittes und Letztes: »Naja – *dann* woll'n wir's doch mal mit dem Herzchen versuchen!«

»Die Männer, die mit den Frauen am besten auskommen, sind dieselben, die wissen, wie man ohne sie auskommt.«
Charles Baudelaire

GRUND NR. 78

Weil Frauen einfach fragen, wenn sie etwas nicht wissen

Oft habe ich das Gefühl, ich bin nur etwas wert, wenn ich alles *weiß*. Und ich bin nicht allein damit. Viele Männer scheinen zu glauben, sie müssten wirklich auf *alles* eine Antwort haben. Und haben sie ausnahmsweise mal keine, schnell eine finden. Oder wenigstens *erfinden*.

Es hat lange gedauert, bis ich mich stark genug fühlte, um bei der einen oder anderen Frage einfach aufrichtig zu antworten: »Ich weiß nicht.« – Ich *weiß* nicht. Wie irre! Und die Welt ging nicht unter! Ja, ich fühlte mich sogar gut dabei! Irgendwie erleichtert. Endlich war Schluss mit dieser ewigen, zwanghaften Klugscheißerei. Frauen sind da klüger. Denn Frauen denken einfach praktischer: »Na und? Wenn ich was nicht *weiß*, dann weiß es vielleicht jemand *anders*!« – Und fragen einfach.

Sie fragen nach dem Weg, wenn sie ihn nicht wissen, fragen ohne Scheu danach, wie irgendetwas funktioniert, wenn sie allein nicht daraus schlau werden, und kommen gar nicht erst auf den dummen Gedanken, dass irgendjemand sie deshalb für *dumm* halten könnte.

»Bit-te? Was ist denn *das* für ein Idiot, der andere für Idioten hält, nur weil sie irgendwas nicht wissen? Ja, was weiß denn *der*? …« Und wenn Frauen instinktiv ahnen, dass es auf eine Frage keine oder *noch* keine Antwort gibt, dann halten sie sogar manchmal den Mund.

Und küssen zum Beispiel lieber.

Das ist klug, was?

»Frauen sind klüger als Männer,
denn sie wissen weniger und verstehen mehr.«
JAMES STEPHENS

Grund Nr. 79

Weil Frauen im Gegensatz zu Männern Qualität von Quantität unterscheiden können

Manchmal denke ich, es muss am *Auto-Quartett* liegen, das wir Jungs früher so leidenschaftlich gern gespielt haben. Mit der einzigen Regel, dass *derjenige*, der das Auto mit den *meisten* PS hatte, natürlich auch gewinnt. Genauso, wie wir damals felsenfest daran glaubten, dass ein Motorrad auch *so schnell* fahren konnte wie die *größte Zahl*, die wir auf seinem Tacho entdecken konnten. Und dass ein Motorrad, das *noch schneller* fahren konnte, natürlich auch noch *viel besser* war.

Heute sind wir dummen Jungs alle reife Männer geworden. Und können ohne Probleme erkennen, wenn von etwas Bestimmtem *viel* da ist: »Mei, hat die viel Holz vor der Hütt'n!«

Und sind felsenfest davon überzeugt, dass eine *andere* Frau, die *noch mehr* Holz hat, natürlich auch noch *viel heißer* brennt, wenn man erst mal mit ihr in der Hütt'n und im Bett verschwunden ist.

Frauen sind da anders. Frauen wissen, dass ein *kleines* Geschenk, das ein liebender Mann ihnen macht, obwohl es ihn fast ruiniert, *viel wertvoller* ist als all das Gold, mit dem ein anderer Mann sie überhäuft, weil er es locker aus der Portokasse bezahlen kann.

Oder, Frauen? Doch-doch. So seid Ihr!

Und manche von Euch können sogar Qualität *und* Quantität *gleichzeitig* erkennen. Und finden es irgendwie am allerallerbesten, wenn ein Mann ein gutes *und* ein großes Herz hat.

»Wenn eine Frau die Wahl hat zwischen Liebe und Reichtum, versucht sie immer, beides zu wählen.«
Marcel Achard

GRUND NR. 80

Weil nur Frauen Männern Flügel verleihen und nicht ein blöder Dosendrink

Früher als kleiner Junge war alles ganz einfach: Wenn mir irgendetwas nicht passte, stieg ich auf einen Tisch, fing eifrig mit den Armen an zu flattern und schon schwebte ich hoch über allen anderen dicht unter der Zimmerdecke. Ja, ich konnte fliegen! Jedenfalls im Traum. Und ich träumte *oft* vom Fliegen. Es war fantastisch.

Aber dann, als plötzlich in der Wirklichkeit zum ersten Mal ein Traum von einem Mädchen vor mir stand und ich mich sterblich in sie verliebte, da konnte ich plötzlich nicht mehr fliegen.

Nicht mal mehr im Traum.

Weil ich – bis heute – *nie wieder* vom Fliegen träumte.

Als ich vor ein paar Jahren fürs Fernsehen arbeitete und nach einer Show noch mit ein paar bekannten Schlagersängerinnen an der Bar saß und ihnen nach ungefähr sieben Fässern Wein die traurige Geschichte vom Verlust meiner Flugfähigkeit erzählte, nachdem ich die Fähigkeit zur Liebe entdeckt hatte, da sagte eine von ihnen, ich glaube, es war Daliah Lavi: »Ach, das ist doch ganz normal. Frauen *erden* die Männer nun mal! Und Frauen *mögen* das natürlich auch nicht, wenn ihr Typ bei jeder unangenehmen Gelegenheit mit den Armen zu flattern anfängt und einfach wegfliegt! Ist doch eigentlich verständlich, oder?«

Ja. Na klar. Komplett.

Und deshalb, so habe ich begriffen, dürfen *erwachsene* Männer eben nur noch zusammen mit erwachsenen *Frauen* fliegen. Aber dafür dann auch nicht mehr nur im Traum, sondern in aller echten Wirklichkeit!

Es beginnt wie bei Shakespeares Romeo mit einem leichten Schweben allein schon beim *Gedanken* an die Geliebte (»Schon den ganzen Tag hebt mich ein ungewohnter Geist mit fröhlichen

Gedanken über den Boden empor …«) und dann, bei der *Umarmung* der Ersehnten, heben beide nicht nur bis unter die lausige Zimmerdecke ab, wo man den Staub auf den Gardinenbrettern entdecken kann, sondern sausen direktemang bis in den siebten Himmel hinein, weiter bis zum Mond und dann in seinem schimmernden Schein einmal rundherum.

Und noch mal.

Und noch mal.

Vorausgesetzt natürlich, dass man tut, was die Frauen wollen.

Und Frauen wollen ja, wenn Männer Glück haben, bekanntlich immer nur das Eine: »Liebe Fluggäste, wir starten in wenigen Minuten. Bitte *ankuscheln* und die *Fernbedienung* wegschmeißen …«

»Die große Ambition der Frau ist die Ermutigung zur Liebe.«
SIR PETER USTINOV ALS HERCULE POIROT IN ›TOD AUF DEM NIL‹

Kapitel Neun

HERZEN & SCHMERZEN

»Alles Leid und alle Freude kommt von der Liebe.«
Meister Eckhart

Grund Nr. 81

Weil Frauen ihre Väter lieben, so wie sie später uns Männer lieben

Denn ist der Vater einer geliebten Frau etwa *kein* Mann? Na, *hoffentlich* ist er einer. Und hoffentlich ist er auch ein *guter*. Kleiner Tipp an verliebte Jungs: Wenn Du wissen willst, was Deine Freundin in der Tiefe ihres Herzens von den Männern hält, dann schau sie Dir einmal in Ruhe zusammen mit ihrem geliebten Daddy an. Denn solltest Du Probleme mit ihr haben, so ist nicht selten ihr Erzeuger daran schuld.

Der Vater ist der erste Mann im Leben einer Frau, für lange Zeit der wichtigste, und ist er ein *guter* Mann, dann wird er seiner Tochter das Gefühl vermitteln, dass auch *andere* Männer etwas Gutes sein können.

Ist Töchterchen allerdings Papas *Prinzesschen*, dann ist sehr wahrscheinlich *kein* Mann gut genug für sie – außer eben König Papa. Und ist sie Papas fehlgeborener Sohn und enttäuschender Nicht-Nachfolger – puh, dann wär's fast besser, sie hätte ihren Vater nie kennengelernt. Denn was man nicht kennt, kann man sich wenigstens noch schönträumen.

Aber in der Regel lieben Väter ihre Tochter. Und die Tochter liebt später Männer, die ihrem geliebten Vater ähnlich sind. Ist ihr Vater Dir symphatisch? Und Du ihm auch? – Mann, dann hast Du Glück gehabt. Und in Zukunft eigentlich nur noch *ein* Problem. Du weißt ja: Vater einer Tochter *werden* ist nicht schwer!

Einer Tochter ein guter Vater *sein* dagegen sehr.

»Als ich 14 Jahre alt war, war mein Vater für mich so dumm, dass ich ihn kaum ertragen konnte. Aber als ich 21 wurde, war ich doch erstaunt, wie viel der alte Mann in sieben Jahren dazugelernt hatte.«

Mark Twain

GRUND NR. 82

Weil Frauen es schaffen, dass ein Mann selbst seinen strengen Vater lieben kann

Das Verhältnis zwischen gleichgeschlechtlichen Verwandten – Tochter und Mutter, Vater und Sohn – ist nicht *immer* ein Zuckerschlecken. So auch zwischen meinem Vater und mir: Die vertrautesten Vater-Momente meiner Kindheit bestanden daraus, dass er mich mit seinen mächtigen Bratpfannenhänden beidseitig ohrfeigte oder mir mit einem Bambusstock den nackten Hintern versohlte. Darüber hinaus gab es zwischen uns eher wenig zu bereden.

Nur ein Mal in unserem Leben als Vater und Sohn kamen wir noch einmal zu einem anderen Zweck zusammen. Eines Winters fuhren wir gemeinsam nach Spanien, um die Apartment-Häuser zu renovieren, die mein Vater dort seit Jahren besaß. Und im Gegensatz zu all den Sommerferien, die ich dort schon verlebt hatte, waren wir diesmal ohne meine Stiefmutter dort, ohne meine kleinen Schwestern, ohne Kinder- und ohne Hausmädchen. Nur er und ich, ich fast zwanzig, er fast sechzig, allein unter vier Männeraugen. Acht Winterwochen lang.

Es war kühl dort am dunklen Meer, die Straßen und der Strand seltsam menschenleer, und wir arbeiteten schweigend den ganzen Tag. Am Abend, nach getaner Arbeit, saßen wir in einem der Häuser beisammen, kochten, aßen und wuschen ab. Und dann, während das Gasfeuer flackerte, ich Briefe schrieb und Gitarre spielte, und mein Vater las und mich in das Geheimnis des Gin-Tonic-Trinkens einweihte, fingen wir irgendwann an zu reden. Von jungem Mann zu älterem Mann. Und dann redeten wir auch über Frauen.

Ich erzählte meinem Vater von meiner großen Liebe in Deutschland, die schon seit Wochen zu meiner Verzweiflung meine Briefe an sie nicht beantwortete. Und dann weinte ich. Und mein Vater tröstete mich.

Und dann erzählte mein Vater von meiner Mutter, mit der er nur ein paar Jahre lang zusammengelebt hatte. Und dann weinte *er*. Und *ich* tröstete ihn.

Und dann sagte mein Vater, was sein Sohn all die Jahre hatte von ihm hören wollen: dass meine Mutter seine große Liebe gewesen sei. Und dann weinten wir beide. Und ich verspürte zum ersten Mal Liebe für ihn.

»Ach, dein *Vater*«, sagte meine Mutter trocken, als ich ihr später von diesem für mich so berührenden Abend erzählte. »Dein Vater hat *immer* mal gern geweint. Meistens aus Mitleid mit sich *selbst*.«

Und seitdem frage ich mich: Hat er es auch an *diesem* Abend? Und bin ich etwa *auch* so ein Mann geworden wie er? Und weint man nicht eigentlich *immer* über das eigene Unglück?

Ich weiß es nicht. Und Frauen schaffen es zwar, den härtesten Mann zu Tränen zu treiben, aber *solche* Fragen für einen Mann brauchbar beantworten, das können sie für meinen Geschmack nicht.

Und *wie* denn auch?

Frauen weinen ja sogar über das eigene *Glück* …

»Eine Frau, so schwach sie ist, ist durch das Gefühl,
das sie einflößt, stärker als der stärkste Mann.«
GIACOMO CASANOVA

Grund Nr. 83

Weil Frauen die Kinder auf die Welt bringen, die vielleicht sogar auch unsere Kinder sind

Auch wenn ich mit der Mutter meiner Tochter nicht mehr zusammenlebe: Dass sie unser *Kind* zur Welt gebracht hat, in dem wir nun beide weiterleben, dafür werde ich ihr immer verbunden bleiben.

Früher waren die Männer da überheblicher. Sie degradierten die Frauen zu reinen Gebärmaschinen, zu gerade noch *einigermaßen* nützlichen Wesen, so nützlich ungefähr wie *Blumentöpfe*, in denen neues Leben heranwachsen konnte – nachdem der *Mann* seinen kostbaren *Samen* in die Erde hatte fallen lassen.

Das waren noch Zeiten. Dunkle Zeiten ...

Und selbst vor 50 Jahren noch fühlten sich viele Männer, die sonst anscheinend eher *wenig* hatten, auf das sie stolz sein konnten, als die alleinigen ›Erzeuger‹ ihrer Kinder. Denn beim Mann kommt's schließlich *raus* – und bei der Frau geht's ja nur *rein*.

Schon eine *bemerkenswert* schlichte Sichtweise, nicht wahr? Kein Gedanke daran, dass wenn die Frau ihrerseits keine *Eier* produzieren würde, der *Mann* ihr *literweise* seinen lebensspendenden Saft reinpumpen könnte – und er erzeugte rein *gar* nichts.

Und heute, wo Männer und ihre Samenpumpen angesichts der künstlichen Befruchtung für die Frauen und das Kinderkriegen fast *überflüssig* geworden sind, da sieht es für die einstmals so stolzen Samenbesitzer endgültig finster aus.

Kann man ihren Groll verstehen? – Nun ja, die Tatsache, dass Männer nun mal keine *Kinder kriegen* können, hat schon seit Adam für viel Verdruss gesorgt. Und dass dann auch nur die *Frauen* sicher sein können, dass es auch *ihre* Kinder sind, dafür würden manche Männer am liebsten alle anderen umbringen.

Aber da sei die Frau vor, der ich kürzlich von meinem Buchprojekt erzählte, und die mit der ihr eigenen Sicherheit wie aus der Pistole geschossen antwortete: »Der *wichtigste* Grund, eine Frau zu lieben, ist, dass sie Leben *schenkt*, anstatt es zu vernichten.«

So ist es. Jedenfalls meistens …

Und darum sei auch Friede mit Euch, Brüder! Haltet ein in Eurem Vernichten, legt nieder das eiserne Schwert, zieht hervor stattdessen das gute alte fleischerne und tut, was *wirklich* lebens- und liebenswert ist auf dieser Welt – und ihr ja *eigentlich* auch am liebsten tut: das unentwegte, eifrige Befruchten dieser wunderbaren *Lebensschenkerinnen*.

»Am Tag, an dem du deine Frau heiratest,
heiratest du auch deine Kinder.«
VOLKSMUND

Grund Nr. 84

Weil Frauen es über sich bringen, schreiende Babys und nervige Kleinkinder großzuziehen

Waren Sie schon mal Babysitter? Haben Sie schon mal auf eine Horde Kleinkinder aufgepasst? Und das nicht nur für Stunden, sondern für Tage, Wochen, Monate und Jahre? – Dann ahnen Sie ja, was an Müttern so unglaublich liebenswert ist. »Ich würde sogar als Putzfrau arbeiten, um nicht 24 Stunden am Tag die Kinder um mich zu haben. Jeden Job würde ich annehmen, nur um mal rauszukommen. Wenn man zu Hause eingesperrt ist, fängt man irgendwann an, die Kinder zu hassen«, gestand die Schriftstellerin Benoîte Groult in einem Interview so angenehm aufrichtig.

Und ich als Mann, der nicht wie eine Mutter durch eine lebenslange Nabelschnur an ihr Kind gebunden ist, kann auch klar erkennen, was die *nicht* so liebenswerten Seiten an ihm sind: Es ist ein gieriges, egoistisches Tier, das nichts im Kopf hat als das eigene Verlangen, nicht die geringste Ahnung von der Existenz, den Wünschen und Bedürfnissen derer, die ihr Herzblut für es geben, und das nur eines kann – nehmen, nehmen, nehmen.

Manchmal denke ich, die Liebe einer Mutter muss mindestens die *doppelte* Verzauberungskraft aufwenden, um ein derartiges Wesen auch nur halb so sehr zu lieben wie einen durchschnittlichen Mann. Das hat der liebe Gott schon verdammt klug eingerichtet.

»Aber ist mein Kind nicht einfach *wunderbar*?« – In *Deinen* Augen ja, Frau. Und dafür darf das süße Balg später seinem Herrgott auch auf Knien danken.

»Es gibt auf der ganzen Welt kein anderes Mittel, ein Ding oder Wesen schön zu machen, als es zu lieben.«
Robert Musil

Grund Nr. 85

Weil Frauen nicht kreativ sein müssen, aber es können, wenn sie wollen

Jeder kann kreativ sein, liest man immer wieder als Verheißung in Frauenzeitschriften. Ja, natürlich. Jeder *kann.* Aber nicht alle müssen. Denn kreativ sein *müssen*, darüber stöhnt schließlich jeder Künstler und jeder Kreative, der innerhalb einer Stunde mal eben die Welt neu erfinden muss, weil sein Auftraggeber ungeduldig auf die brandneue Spitzenidee wartet, das ist ja auch nicht unbedingt das Nirwana.

Und natürlich können Frauen kreativ sein. Denn kreativ sein heißt schöpferisch sein. Aber während ein Mann im Kreativprozess mühsam darum ringen muss, dass die Muse ihn doch bitte-bitte küsst, damit er die *eine* Zeile, die *eine* Melodie, die *eine* Filmszene endlich aus sich hervorbringen kann, da können Frauen noch auf ganz *andere* Art schöpferisch sein: Indem sie einfach neues Leben erschaffen.

Und dann so stolz auf ihr Werk mit dem Kinderwagen über die Straßen flanieren, als wären sie das erste Huhn auf der Welt, das ein Ei gelegt und ausgebrütet hat. Beneidenswert!

Sagen wir's doch einfach so: Ich glaube, Frauen haben *Wichtigeres* zu tun, als das Objekt ihrer Liebe wie wir Männer mit einem Popsong, einem Gedicht oder einem Bild zu erobern. Frauen brauchen keine künstlerischen Umwege. Sie brauchen kein Kunstwerk zu erschaffen, um uns für sich zu gewinnen.

Es reicht vollkommen, wenn sie *selbst* eines sind.

»Es gibt ein Element der Besessenheit, der Hingabe, der Reinheit, das alle Künstler gemeinsam haben. Ob man einen Song schreibt, einen bestimmten Stil entwickelt oder einen Film macht, immer handelt es sich um einen Akt der Schöpfung, der einen über die übrigen Menschen erhebt.«

Peter Bogdanovich

Grund Nr. 86

Weil Frauen so dermaßen schön singen können, dass einem Mann schier der Verstand stehen bleibt

Vorausgesetzt natürlich, er *hat* einen. Und ist er, wie bei Pu der Bär und mir, doch eher ziemlich *gering*, dann kann eine ganz bestimmte Art von Frauenstimme ihn schon mit nur drei Tönen komplett ruhigstellen. Eine angenehme Art von Gehirnstillstand sozusagen. Und damit auch ein kurzer Moment der Rast von kreisenden, rotierenden oder gar panisch wirbelnden Gedanken voll Sorgen, Angst und Nöten.

Denn so fröhlich und heiter viele Frauenstimmen auch klingen, meistens spenden diese speziellen Frauenstimmen, die ich meine, mir Trost. Und wann immer ich mich traurig und niedergeschlagen oder einsam und verlassen fühle, gibt es wunderbare Frauen, die für mich singen.

In meinem privaten Musikgeschmacks-Universum sind das zum Beispiel Sängerinnen wie Annie Lennox, Cesaria Evora oder Maria Callas. Aber es sind genauso auch all die Millionen Frauen, die, ohne dass Millionen ihnen lauschen, im Kirchenchor der Großstadt oder beim Wäschewaschen am Nil singen, bei der Arbeit auf den Reisfeldern oder beim Wiegen ihrer Kinder unter Palmen am Meeresstrand ihre Lieder summen. Und all diese ehrlichen, uneitlen Stimmen sind wie warmes Öl für geschundene Ohren und der Schmelz für ein verhärtetes Herz.

Denn die menschliche *Singstimme* ist *nicht* die Stimme, mit der wir reden und sagen, behaupten und lügen. Im Gesang, im Klang der Luftströmungen aus tiefer Brust werden Dinge ausgesprochen, die noch einmal ganz *anders* sind als die, die nur gesagt werden.

Und weil der Gesang das Instrument ist, das der Seele am nächsten kommt, und alle Sehnsüchte seiner Sängerin darin mitklingen und all ihre Enttäuschungen, darum trösten mich diese

Frauenstimmen. Sagen mir: Du bist nicht *allein* mit deinen Gefühlen. Und selbst im bösesten, bittersten Liebeskummer singen sie mir solidarisch ins Ohr: »Ach, *komm* – es gibt *so* viele *gute* Frauen! Und sie sind *da*! Auf *dieser* Welt!«

Ja. Man muss sie halt nur finden.

In mir bewirken singende Frauen, die ein aufrichtiges und offenes Herz haben, Unglaubliches. Wenn ihr Loreley-Gesang in meine Ohren dringt, schau ich den Wunden, die die Dornen ihrer Geschlechtsgenossinenn auf meiner Haut und in meinem Herzen hinterlassen haben, gleich wieder viel gelassener beim Heilen zu.

Na und? Ist doch nur ein *Kratzer*!

Und es gibt nun mal so *unglaublich* fantastische Rosen auf dieser Erde, an denen wir *unbedingt* schnuppern müssen! Und die dichteste Dornenhecke dieser Welt kann uns nicht davon abhalten, bis zum schlafenden und ganz bestimmt nur von *uns* träumenden Dornröschen durchzudringen. Nicht wahr, Männer?

Sowieso. Genau.

»Wie ihre Töne lieblich klangen
Und heimlich süß ins Herze drangen,
Entrollten Tränen meinen Wangen –
Ich wusste nicht, wie mir geschah.«
HEINRICH HEINE

Grund Nr. 87

Weil Frauen vor dem Spiegel manchmal am liebsten sterben würden

Manchmal denke ich, der Satz, der Frauen aus den Märchen am tiefsten und beängstigendsten in Erinnerung geblieben ist, ist dieser hier: »Spieglein, Spieglein an der Wand, wer ist die Schönste im ganzen Land?«

Lange Zeit war mir gar nicht bewusst, dass es überhaupt Spiegel *gab*. Das Einzige, was ich als Junge mitbekam, war, dass Frauen im Badezimmer höchst seltsame Sachen veranstalten.

Erst war das Badezimmer *picobello* glänzend, dann ging meine große Schwester hinein (und sah dabei alles *andere* als picobello aus) und dann, Stunden oder Tage später, kam sie wieder heraus und sah *glänzend* aus! Aber wie sah dann das *Badezimmer* aus …

Und später fand ich heraus, dass Frauen in den Stunden oder Tagen vor dem Spiegel *Gesichter* machen, die sie sonst *nie* machen. Nicht nur, dass sie beim Schminken die Lippen zu einer Schweinchenschnute spitzen oder die Augen aufreißen, als würde Dracula aus dem Spiegel schauen – nein!

Manche Frauen machen vor dem Spiegel ein so forciertes *Heiterkeits-Gesicht*, dass ich mir daneben plötzlich todtraurig vorkomme. Andere machen ein so eiskaltes *Männer-Verführ-Vampir-Gesicht*, dass mir das Blut in den Adern gerinnt. Und dazu natürlich die *ewige* Frauenangst, heute schon *älter* auszusehen als *gestern* noch.

Wie überflüssig. Der einzige Spiegel, der *wirklich* zählt, bin doch *ich*. Und *ich* sehe grundsätzlich nur *Schönheit*.

»Die unheimlichste aller Erfindungen ist der Spiegel.
Woher nehmen die Menschen nur den Mut, da hineinzuschauen?«
Brendan Behan

Grund Nr. 88

Weil Frauen manchmal so verdammt kluge Sachen sagen, dass man sich echt fragt, wo die das bloß herhaben

Die Antwort ist: meistens aus Filmen. Manchmal gar aus der ›Brigitte‹. Und ganz manchmal sogar aus Büchern. Je nach Alters- und Reifestufe. Und *führend* bei den klugen Sätzen sind für meine Begriffe die Mütter.

Kein Wunder allerdings: Sie sind keine dummen Dinger mehr, sie haben schon viel erlebt und viel ausgehalten, unter anderem sogar unseren eigenen *Vater*. Aber ist *das* ein Grund, seinen minderjährigen Sohn mehrmals monatlich mit dem superweisen Satz »Ändere deine *Gedanken* und du änderst dein *Leben*!« zu malträtieren? Und dann auch noch immer bildungsbürgerstolz hintendran zu hängen: »Das ist von *Mark Aurel*! Dem römischen *Philosophenkaiser*!« – Na und? Meine Gedanken dachten *trotzdem* immer, was sie gerade wollten.

Aber später, wenn irgendwas partout nicht so ging, wie ich es *wollte*, ob in der Arbeit, im Spiel oder in der Liebe, mein gusseiserner Plan einfach nicht in der Spur blieb und ich meinen Ärger und Unwillen über meinen Lebensverlauf in Telefonaten mit meiner Mutter erwähnte, dann sagte sie immer und stellte dafür extra ihre magisch rauchige ›Ich-verrat-dir-jetzt-ein-großes-Geheimnis‹-Zauberstimme an: »Mein Junge, zu *fünfzig Prozent* muss man es *betreiben* … und zu *fünfzig Prozent* muss es sich *fügen – dann* wird es *gut*.«

Und sie hatte absolut recht damit! Immer!

Aber wo sie *das* nun wieder herhatte … *keine* Ahnung.

»Ich bin kein kluger Mann, aber ich weiß, was Liebe ist.«
Tom Hanks als ›Forrest Gump‹

Grund Nr. 89

Weil Frauen die besten Sparringspartner für den harten Kampf des Lebens sind

Ich selbst habe es immer wieder fassungslos festgestellt: Die Liebe schließt nicht aus, dass Frau und Mann auch miteinander *kämpfen*. Und sich gegenseitig Wunden und Verletzungen zufügen. Ja, manchmal möchte man fast meinen, dafür sei die Liebe da – denn kaum einer kehrt *ohne* Narben vom ›Battlefield Of Love‹ zurück.

Warum? Meistens, denke ich, weil wir mit einem Sack voll rosaroter Illusionen in die Liebe gehen. Weil wir so gern glauben möchten, wenn wir nur erst mal eine *Liebe* gefunden haben, dann ist alles *gut*. Aber wir *selbst* sind noch nicht gut. Wir selbst sind noch nicht *fertig* – von *vollkommen* einmal ganz zu schweigen.

Denn eines fiel mir besonders auf inmitten der Streitigkeiten und Kämpfe, die ich schon in Liebesgeschichten erlebt habe, an den *Damen*, mit denen ich stritt, und ebenso an mir *selbst*: Je unzureichender und mangelhafter die Erziehung ist, die man im Elternhaus genossen hat, desto härter ist der spätere Beziehungskampf.

Weil wir uns nun mühselig gegenseitig beibringen müssen, was andere zuvor an uns versäumt haben: die elementarsten Regeln eines Lebens in einer Gemeinschaft. Rücksichtnahme, Einfühlungsvermögen, Anpassungsfähigkeit, Gemeinschaftsdenken, Verantwortung und und und.

Und während wir uns das wütend gegenseitig abfordern und einklagen, können wir nur hoffen, dass das Band zwischen uns, die Liebe füreinander, groß genug ist, um uns in diesen Auseinandersetzungen *trotzdem* beieinander zu halten.

Und auch im härtesten Kampf nicht zu vergessen, unter welch rosigen Bedingungen wir trotz alledem mit einem anderen Menschen kämpfen. Denn wir kämpfen hier mit jemandem, den wir *lieben* und der *uns* liebt!

Etwas, was wir von unseren Chefs und Arbeitskollegen ja nicht *unbedingt* behaupten würden, oder?

»Zu Leuten, an denen einem nichts liegt,
kann man immer freundlich sein.«
OSCAR WILDE

Grund Nr. 90

Weil Frauen die beste Laune von der Welt haben können

Papa, kannst du mal *kommen*? Wir wollen dir gern was *zeigen*!« – Die Arbeit drängt, aber die Tochter ruft. Und damit das Leben. Also seufzend aufgestanden vom Laptop und brummelnd der hüpfenden Tochter hinterhergedackelt, hinauf in ihr Dachbodenreich. »Fünf Minuten. Allerhöchstens.«

Die beiden Freundinnen der Tochter sind auch da. Und alle drei haben seltsam rotglühende Bäckchen. Ja, was gibt's denn *hier* ... Apfel-Korn?

»Wir haben was eingeübt, und du sollst dir das mal *angucken*, ja? Kuck mal hier: *Das* ist das Original ...«

Auf dem Computerbildschirm erscheinen drei knallbunte Zeichentrickfiguren, drei kleine Mädchen in kurzen Röckchen, die in Reih und Glied auf einer beleuchteten Bühne stehen. ›Mangas‹, wie ich dank meines sechzehnjährigen Drahts zur aktuellen Welt da draußen weiß. Manga-Comics, die als animierter Trickfilm ›Anime‹ heißen.

»Das ist unsere *Lieblings*-Anime-Serie, und was die da *tanzen*, das ist der *Lucky Stars-Dance*«, erklärt die Rotbäckchen-Tochter aufgeregt und klickt die Maus. Und dann, unter wildhopsender Musik und kieksenden Stimmen, tanzen drei knallbunte Zeichentrickmädchen los, dass die gezeichneten Bühnenbretter wackeln.

»Ist das nicht super?«, kichert sie, und klickt erneut, als der Tanz zu Ende ist, und ich bin allein vom Zugucken schon leicht außer Atem. »So. Und jetzt *wir* ... wir haben den nämlich *auch* eingeübt!«

Und dann klickt sie erneut, huscht hinüber zu den beiden Freundinnen, die schon erwartungsvoll und mit großen Augen in Position stehen, und dann, meine Damen und Herren, geht er los: Der Lucky Stars-Dance! ... Live und in Fleisch und Blut und Farbe!

Und ich bin einfach nur baff. Diese *Hingabe*! Diese *Lust*! Diese unbändige *Lebensfreude*, die trotz der ernsten, konzentrierten Mienen in diesen drei quickfidelen Damen herumturnt wie ein Eichhörnchen ...

Gute Güte. Woher nehmen Mädchen bloß immer all diese wahnwitzig gute Laune? Dieses ganze immer frischgezapfte, federleichte Lebensgefühl?

Und dann, während die drei Mädchen von heute echt sensationell hüpfen und hopsen, sicher ihre Sidesteps machen und sich drehen und heftig mit den Hintern ins Publikum wackeln, steigen fast vergessene Bilder in mir auf ...

Bilder von all den angenehm seriösen, reifen Damen, die ich so kenne – als sie noch angenehm unseriöse, unreife Mädchen waren. Und ich höre sie wieder kichern und kreischen und herrlich unzivilisierten Krach machen, sehe sie laufen und springen, fühle, wie sie mich fangen und durchkitzeln und wir miteinander rangeln und uns rollen und herumwälzen, und dann verschwindet wieder alles hinter einem schallenden Gelächter und einem leiseren Lächeln und dann einem stummen, aber unsagbar vielsagenden Kuss ...

»Und?«, fragt die Tochter außer Atem, als die Musik erlischt.

»Toll«, sage ich. »Klasse. *Ganz* klasse. Echt *super*! Und super *lustig*!«

»Ja, näch?«, grinst die Tochter mit glühendem Gesicht und das Glück strahlt ihr aus allen Poren. »Macht echt einen Riesenspaß.«

»Und wozu habt ihr das eingeübt?«

»Eine Wette. Wir haben mit ein paar Jungs aus unserer Klasse gewettet, wer das *besser* hinkriegt. Also die Choreografie und so.« – »Wie ... die machen das *auch*? Die Jungs tanzen *auch*? *Diesen* Tanz?«

Leichtes Augenbrauenheben bei den Mädchen. Wovon redet dieser alte Mann?

»Ja. Klar. Wieso?«

Tja. Wieso?

War das denn nicht *immer* so? Hieß es nicht immer dezidiert: *Girl's* just wanna have fun? ... Komisch.

Seltsam beschwingten Schrittes, zwei Stufen auf einmal nehmend, kehre ich zurück an den einsamen Schreibtisch. Die Arbeit ruft. Aber das *Leben* auch. Vielleicht erst mal etwas *Musik* anmachen. Und – Ist die Tür zu? – ein bisschen *abtanzen*. Jawoll! ...

Ja, girl's just wanna have *fun*!

Aber *Boys* anscheinend inzwischen *auch*!

Gut so.

Es *lebe* die Emanzipation!

»Büchsen, die nit krachen,
Jungfraun, die nit lachen,
Vögel, die nit singen –
wer hat Lust zu diesen Dingen!«
ALTDEUTSCHES SPRICHWORT

Kapitel Zehn

HIMMEL & HÖLLE

»Ich mag nicht in den Himmel, wenn es da keine Weiber gibt.
Was soll ich mit bloßen Flügelköpfchen?«
Albrecht Dürer

Grund Nr. 91

Weil Frauen so klug sind, auch manchmal den Himmel um Hilfe zu bitten

Wie Sie vielleicht schon bemerkt haben: Ich hab's nicht so mit der Kirche. Aber wann immer ich eine Frau in eine Kirche begleite und sehe, wie sie ihre Finger ins Weihwasserbecken taucht und sich bekreuzigt, eine Kerze vor der Maria anzündet oder kurz vor dem Altar niederkniet, dann erfasst mich Ehrfurcht. Nicht vor der Kirche ... vor den *Frauen*.

Denn *wenn* für mich in Kirchen irgendetwas *heilig* ist, dann ist es der *Glaube*, den die dort betenden und fürbittenden Frauen aufbringen. Und irgendwie scheint es mir auch lebensklug, sich mit dem Eventuell-da-Oben gutzustellen. Wie meine alte Mutter in solch Kann-aber-muss-nicht-Situationen immer aufmunternd zu sagen pflegte: »*Hilft* es nix, so *schadet* es nix!«

Und selbst, wenn das wahrscheinlich auch der Gedanke ist, der jeder intelligenten Frau durch den Kopf geht, während sie sich *Kosmetik* ins Gesicht schmiert: Ich kann mich des leisen Gefühls nicht erwehren, dass wir Männer einen *Fehler* machen, wenn wir den direkten Draht zum Himmel einzig und allein den Frauen überlassen.

Ist das *wirklich* klug? Ich weiß nicht.

Ich weiß nur so viel: Wenn *ich* in größter Not einmal den Himmel anrufe und kriege auch tatsächlich eine Verbindung bis zum lieben Gott, dann ist da in der Regel *immer* besetzt!

Typisch Frauen.

»Habt euch nur weiterhin gegenseitig alle sehr lieb.
Die gegenseitige Liebe gleicht den Mangel in vielen Dingen aus;
und dann schenkt sie uns jene Ruhe und Gelassenheit
in den Heimsuchungen, aus der so unendlich viel Gutes kommt.«
Papst Johannes XXIII.

Grund Nr. 92

Weil Frauen den großartigen Satz ›Der liebe Gott hat mir einen Mann gebacken!‹ erfunden haben

Mann, war ich glücklich, als ich *diesen* Satz zum ersten Mal hörte. Und dem lieben Gott dankbar, dass er mich *gebacken* hatte. *Und* natürlich auch dankbar dafür, dass er eine passende Frau hatte wachsen lassen, für die ich so spezialgebacken daherkam.

Und wenn ich heute angesichts abendlich rosarot aufglühender Wattewolken von einer Frau den einst so verlachten Satz höre: »Guck mal: Die Engel backen Kuchen«, dann lache ich nicht mehr. Weil ich jetzt ja weiß, dass die Engel nicht nur Kuchen, sondern von Zeit zu Zeit sogar einen Mann backen. Speziell für die Eine, die dafür so sehr *gebetet* hat.

Nicht die schlechteste Sicht auf diese banale Welt, nicht wahr? Mehr liebevolle Bedeutung kann man einem Sonnenuntergang eigentlich nicht beimessen. Besonders, weil Frauen auf diese Art ja auch dem Himmel und den eventuell in ihm enthaltenen Höheren Wesen ganz beiläufig ihre Referenz erweisen. Denn für Frauen, das wollen wir mal nicht vergessen, werden gute Ehen schließlich immer noch im Himmel geschlossen.

Und deshalb, Männer, solltet auch *Ihr* für Eure Geliebte von Zeit zu Zeit ein *bisschen* mehr wie *vom Himmel geschickt* daherkommen, ja?

Wie man das *macht*? Na, *so* zum Beispiel:

»Ich liebe dich dafür, dass dir kalt ist, wenn draußen 25 Grad sind. Ich liebe dich dafür, dass du anderthalb Stunden brauchst, um ein Sandwich zu bestellen. Ich liebe dich dafür, dass du eine Falte über der Nase kriegst, wenn du mich so ansiehst. Ich liebe dich dafür, dass ich nach einem Tag mit dir dein Parfum immer noch an meinen Sachen riechen kann. Und ich liebe dich auch dafür, dass du der letzte Mensch bist, mit dem ich reden will, bevor ich abends einschlafe.« Billy Crystal als Harry in ›Harry und Sally‹

Grund Nr. 93

Weil man Frauen anbeten kann, ohne dafür in die Kirche gehen zu müssen

Sondern zum Beispiel lieber ins Bett. Schon in der Bibel steht: »Du sollst Gott, deinen Herrn, lieben von ganzem Herzen, von ganzer Seele, mit allen Kräften und von ganzem Gemüte.« Genau. Aber Gott kann man nur *dann* lieben, wenn man ihn auch *gefunden* hat.

Und ich finde, am leichtesten und offensichtlichsten ist Gott für uns Männer in der Natur zu finden. Und unser *Nächster*, den wir ja auch lieben sollen, in den Frauen. Und da natürlich ganz besonders in den ganz besonders *natürlichen Frauen*. Denn das sind die Schönsten.

Und *Schönheit*, das musste selbst der französische Dramatiker und Regisseur Jean Anouilh zugeben, der ansonsten als großer Skeptiker galt, ›Schönheit ist eines der seltenen Wunder, die unsere Zweifel an Gott verstummen lassen‹.

Meint also: Wer *Frauen* liebt, liebt die *Natur*. Denn unser Gott in der Natur hat Mann und Frau vor der Geburt geteilt und lässt sie während ihres Lebens immer wieder die wunderbare Wiedervereinigung genießen.

Und wo wird SEIN Name heutzutage am häufigsten und am inbrünstigsten ausgerufen von uns christlichen Männern (»Oh Gott! ... Oh, mein Gott! ...«), zumindest aus meinem Munde?

Im Bett. Also sagen wir es ohne Umschweife, wenn es denn doch die *Wahrheit* ist und *nichts* als die Wahrheit, so wahr mir Gott *helfe*: Meine Religion ist die Liebe. Und meine Kirche ist das Bett. Amen.

»Wer sich in den Armen einer Frau nach dem Himmel sehnt, dem ist nicht mehr zu helfen.«
Dietrich Bonhoeffer

Grund Nr. 94

Weil Frauen nicht nur Märchen lieben, sondern sogar deren Weisheit verstehen

Für Männer sind Märchen meist nur langweilige, altbackene Geschichten, in denen deutlich zuwenig geschossen wird und einfach nicht genug Autos explodieren. Für Frauen hingegen sind Märchen einfach das Konzentrat des menschlichen Kosmos. Aschenputtel und Dornröschen, Rotkäppchen und Rapunzel, Glücksmarie und Pechmarie, Schneeweißchen und Rosenrot. Prinzessinnen und Prinzen, Königinnen und Könige, Hexen und Zauberer, Wölfe, Drachen und der Teufel und seine Großmutter.

Frauen finden in Märchen vorgelebte Lebenshilfe. Und manchmal finden sie sogar sich *selbst*. Ich habe das traurige kleine Mädchen mit den Schwefelhölzchen kennengelernt, die kleine Meerjungfrau und ihre unerfüllbare Sehnsucht und natürlich die hochsensible Prinzessin auf der Erbse. Letztere sogar schon mehrfach.

Und auch ich, der kleine Prinz, hatte dank der Märchen ja eine genaue Beschreibung zur Hand, wonach ich meine Prinzessin suchte: »Eine Haut so weiß wie Schnee, Lippen so rot wie Blut und Haare so schwarz wie Ebenholz.«

Und habe gefunden, dass Haut so braun wie Milchkaffee, Lippen so rosa wie Mandelblüten und Haare so golden wie ein Weizenfeld *auch* märchenhaft schön sind! Und es nicht *ein*, sondern *viele* Schneewittchen gibt! Und man eigentlich mit *jeder* gern sieben Zwerge hätte ... wenn man eben in *Wirklichkeit* nicht nur ein armer Waldbauernbub wär.

»Das Schönste, was wir erleben können,
ist das Geheimnisvolle.«
Albert Einstein

Grund Nr. 95

Weil Frauen zu den Sternen am Himmel aufschauen und noch an Wunder und geheime Mächte glauben

Im Sommerurlaub auf der Sonneninsel breiten die Frau und die Tochter am Abend plötzlich Decken und Kissen auf der Dachterrasse aus, legen sich der Länge nach auf den Rücken und schauen dann still in den Nachthimmel. Und was sie da sehen, muss fantastisch sein. Und ehrfurchtgebietend. Denn sie sprechen nur leise flüsternd darüber. Als hätte das All Ohren.

Um die *Venus* geht es und den *Großen Bären* und dass man sich bei *Sternschnuppen* etwas *wünschen* darf. Und dann höre ich meine Tochter, die ansonsten eine ziemlich kesse Klappe hat, mit weicher Stimme sagen: »Ich hab die Sterne *gern.*« – Und dann wird auch mir etwas weich. Und wenn die Sterne ein *Herz* haben, dann haben sie hoffentlich auch meine *Tochter* gern.

Frauen bekommen bei dem Wort ›Sternenstaub‹ eine leichte Gänsehaut. Männer hingegen schützen sich vor derartigen Mysterien, indem sie einen *weißen Kittel* anziehen und erklären, Sternenstaub enthalte vorrangig das Element *Iridium.* Wie romantisch! Und wie uninteressant.

»Der Himmel ist ein großes Buch über die göttliche Allmacht und Güte, und die Sterne sind die goldenen Buchstaben in dem Buch«, schrieb der Dichter Johann Peter Hebel. Ich kann es nur etwas schlichter sagen: Wen beim Blick ins unendliche Universum nicht das Gefühl überwältigt, dass es da draußen noch etwas geben muss, das *größer* ist als wir, dem ist nicht mehr zu helfen.

»Wir alle liegen in der Gosse,
aber manche von uns schauen auf zu den Sternen.«
Oscar Wilde

Grund Nr. 96

Weil Frauen manchmal wirklich wahre Engel sind

Oh ja! Weil sie im Urlaub Kopfschmerztabletten, Mückenspray und Blasenpflaster dabeihaben. Weil sie einem Hypochonder Hühnersuppe ans Bett bringen und echte Kranke im Krankenhaus besuchen. Weil sie mitleiden, trösten und Mut machen. Und vor allen Dingen, weil sie einem faulen und unentschlossenen Mann wie mir immer wieder beherzt einen Tritt in die richtige Richtung verpassen. Ja, die Frauen sind unsere Engel auf Erden!

Was allerdings die *himmlischen* Engel betrifft, frage ich mich: Wieso sind die Engel, die den *Frauen* erscheinen, eigentlich meistens *männlich*? In meiner Vision sind Engel *weiblich*. Und erschiene mir ein Engel, von dem ich ahne, dass er einen *Pimmel* unter seiner weißen Kutte trägt, ich *wäre* ein bisschen skeptisch. Und wär der Engel zwischen den Beinen so glatt wie eine *Schaufensterpuppe*, wär mir *überhaupt* nicht wohl in meiner Haut.

Mein *Schutzengel* zumindest, der ist garantiert weiblich. Das habe ich daran gemerkt, dass er, nachdem er mir dreimal innerhalb kürzester Zeit das Leben gerettet hat, erst mal für ein paar Jahre in Wellness-Urlaub gehen musste. So *fertig* war er mit den Nerven.

Doch, doch: Für mich sind Engel weiblich. Und ein Glück auch! Denn wäre es nicht traurig, von Kindesbeinen an von Engeln zu hören und nie selbst einen gesehen und erlebt zu haben?

Und berührt?

Und umarmt?

»Confucius say: Angel with wings
not so hot as angel with arms.«
Spruch in einem Chinesischen Glückskeks

Grund Nr. 97

Weil Frauen die schönste Verkleidung sind, in der der Teufel uns Männer verführen will

Eines der geheimnisvollsten Sprichwörter, das ich kenne, lautet: »Der Teufel ist ein Eichhörnchen.« Und es bedeutet: Der Teufel kommt in den *harmlosesten* Verkleidungen daher. Aber manchmal kommt er auch als Frau verkleidet. Und dann wird es *echt* gefährlich.

Und weil der Teufel jemand ist, von dem wir ja nicht unbedingt das *Beste* erwarten, aber zumindest das beste *Schlechteste*, hat er in dieser Verkleidung auch die größten Verführungserfolge.

Nein, wirklich: Manchmal entdecke ich im Fernsehen plötzlich ein Frauengesicht, und irgendetwas in mir ist hemmungslos und rettungslos hingerissen davon. Meine Güte, denke ich dann, was für eine *tolle* Frau!

Aber dann, wenn ich dieses so maßlos verführerische Gesicht, sein fast unwiderstehliches Lächeln, seine fast unglaublich süße Miene, nur noch ein *wenig* länger beobachte, dann merke ich plötzlich, dass ich heilfroh sein kann, dass diese Frau nur im *Fernsehen* vor mir auftaucht. Denn in *live* und *echt* hätte sie mich schon mit Haut und Haaren verspeist.

Alles Quatsch? Vielleicht. Aber so sicher, wie es unter den Frauen fast wahre *Engel* gibt, so sicher gibt es natürlich auch fast wahre *Teufel*. Hexen und Sirenen, Wassernixen und Circen, Frauen, die aus Männern *Schweine* machen, die gibt es auch heute noch.

Aber glücklicherweise verzaubern sie meistens *die* Männer, die selbst fast schon Schweine *sind*.

»Die drei gefährlichsten Dinge im Leben sind Feuer, Frauen und das Meer.«
Griechisches Sprichwort

Grund Nr. 98

Weil Frauen vor dem Weltuntergang noch ein letztes Mal lieben würden

Ja, ein Mann, jedenfalls einer, der zu viele *Science-Fiction-Filme* gesehen hat, der würde natürlich noch bis zur allerletzten Zehntelsekunde hartnäckig versuchen, den geheimen *Weltrettungs-Code* zu knacken. Oder mit letzter Kraft die nur noch Millimeter entfernte *Alien-Raumschiff-Sprengtaste* zu ertasten, obwohl schon das Trümmergewicht der gesamten Welt auf ihm lastet. Klar. Wir sind schließlich *alle* eingebildete Helden.

Aber eine *Frau* würde in der letzten Stunde vor dem Ende mit ihrem Mann *schlafen* wollen. So lange, bis es da draußen in der Welt und innen drinnen zwischen ihnen beiden ›Ra-wumms!‹ macht.

Und wer einmal gehört oder gelesen hat, wie Frauen und Männer im Krieg, nicht wissend, ob sie unter dem Bombenhagel den nächsten Morgen noch erleben werden, angesichts des Todes ebenso verzweifelt wie entschieden miteinander geschlafen und voller Hingabe sich gegenseitig noch einmal *alles* gegeben haben, was in ihnen war – was soll man *da* über die letzten Dinge zwischen Mann und Frau noch weiter sagen?

Für sie war es Liebe bis zum Ende der Welt.

Es hat mich allerdings *immer* etwas geärgert, wenn meine Mutter bei derartigen Gesprächen über den Krieg irgendwann leicht verächtlich kopfschüttelnd sagte: »Aber das kannst *du* nicht *verstehen*. Das kannst du nicht *wissen*, wenn du es nicht selbst *erlebt* hast.«

Naja, ich hoffe sogar, ich *werde* es nie erleben.

Und man *muss* ja auch nicht alles wissen, oder?

Aber *verstehen* tu ich es *trotzdem* …

Denn fielen jetzt Bomben, so würde auch ein Mann von heute seine geliebte Frau umarmen und halten wollen.

Und während *sie* vielleicht insgeheim dabei denken würde: »Wenn er *jetzt stirbt*, dann hab ich wenigstens noch *etwas von ihm* in mir«, so denkt er sehr-sehr wahrscheinlich: »*Wenn* ich schon sterben muss, lieber Gott, dann bitte *auf* und *in ihr*.«

Denn das wünschen wir liebenden Männer uns ja auch ohne Bomben.

»Wer nicht geliebt hat,
hat die letzte und tiefste Süße des Lebens nicht gekostet.«
JACK LONDON

Grund Nr. 99

Weil ein Mann nur mit einer Frau zusammen dem Tod ein Schnippchen schlagen kann

Manchmal – und Männer mit Liebeskummer kennen das – denke ich leicht verbittert: »Was *soll* eigentlich der ganze Aufwand? Wozu dieses ganze *Beiwerk*, dieser ganze *Emotions-Wirbel*? Wissenschaftlich gesehen reicht es zur Fortpflanzung doch völlig, wenn Spermie und Eizelle verschmelzen. Und das kann man heutzutage auch erledigen, *ohne* zu lieben. Und eventuell dabei auch, ohne zu *leiden*.«

Ja, wissenschaftlich gesehen ist das richtig. Nur hat die messende Wissenschaft keinen Blick für das *Wesentliche*. Weil man eben nicht *messen* kann, was wesentlich zwischen zwei Menschen wirkt: die Lebensfreude.

Die nackte Lebensfreude.

Die *splitterfasernackte* sozusagen.

Denn die größte Freude, die Menschen während ihres Lebens erfahren können, ist doch die: den *Tod* zu besiegen.

Zwei Menschen haben die Möglichkeit in der Hand und die Macht, dem unerbittlichen Tod, dem sie sich ja doch irgendwann *beugen* müssen, zuvor noch ein Schnippchen zu schlagen – durch neu geschaffenes Leben.

Und deshalb, denke ich, ist es vielleicht auch so unersetzlich schön, dieses uralte romantische Ritual, das von Mann und Frau verlangt, sich zu vereinigen. Und damit sich zu verlängern in die Ewigkeit hinein.

Und zufrieden zu lächeln bei dem Gedanken, wie der arme Tod in alle Ewigkeit senseschwingend hinter Millionen und Milliarden Menschen hinterherhechelt, mit weiten Schlägen rechts und links meuchelnd breite Schneisen schlägt und die Menschheit eben doch *nie* auslöschen wird.

Weil Frauen und Männer so gern – nun ja: sich *fortpflanzen*.

Ist das nicht *extrem* beruhigend?

Und *die* Menschen, die auf dem Sterbebett aus glücklichem, weil erfülltem Herzen sagen: »Ich habe geliebt – und das hat Folgen gehabt«, die sollen ja nicht die Unzufriedensten sein, wenn es denn ans Abschiednehmen vom Leben geht.

»Wer nicht mehr liebt und nicht mehr irrt,
der lasse sich begraben.«
JOHANN WOLFGANG VON GOETHE

Grund Nr. 100

Weil ein Mann nur mit einer geliebten Frau an seiner Seite zurück ins Paradies darf

Denn ich glaube ja, es ist *so*: Der Engel, der die Pforte zum Paradies bewacht, darf Adam nur mit Eva an seiner Seite wieder zurück ins Paradies lassen. Wenn auch immer nur für ein paar Stunden. Und auch nur *dann*, wenn sich die beiden wirklich tief und innig *lieben* …

Und warum mussten wir das Paradies dann überhaupt erst verlassen? Wegen Eva. Und wegen der Schlange und dem blöden Apfel, nach dessen Verzehr man sich plötzlich dringend etwas anziehen wollte.

Aber, was die wenigsten Männer wissen, und deshalb immer wieder selbstgerecht auf Eva rumteufeln, auch wegen *Adam*. Denn Adam *verriet* seine Frau, behauptete cool, als Gott ihn wegen des Baumes der Erkenntnis ins Gebet nahm, er würde mit dieser Frau *nichts* zu tun haben! Ja, Adam wurde Eva schon untreu, bevor sie überhaupt ein richtiges Paar wurden. Typisch Adam …

Und noch ein weitverbreiteter Irrtum zwischen Mann und Frau ist hier zu berichtigen: Gott hat nicht einen *Mann* geschaffen und ihm dann eine passende *Frau* dazugebastelt. Sondern er hat, auch das steht in der Bibel, den *Menschen* als *Paar* geschaffen: Mann und Frau. Und so, als in Liebe verbundenes Paar, müssen sich Mann und Frau immer wieder zusammenfinden. Sonst ist es nämlich Essig mit dem Paradies-Urlaub.

Aber wann und wie *merken* Frau und Mann überhaupt, dass sie sich lieben?

Eigentlich ist es ganz einfach: Jede Frau, jeder Mann weiß nach wenigen Sekunden, was das da eigentlich *ist*, was man da gerade gemeinsam im Bett erlebt. Und selbst der Tumbste spürt es spätestens ›danach‹: Mag man sich noch *anfassen*? So *sehr* wie *eben* noch? Ist die Haut des anderen noch *schön*? So schön, viel *schöner* noch als die *eigene*? Ist *er*, ist *sie* noch weich und warm und heiß und schwitzig? …

Mag man ihn noch im *Arm* halten? Noch *länger* im Arm halten? Will man die *Hand* des anderen halten, weil es so viel *bedeutet* und man so wenig *sagen* kann? *Seufzt* man und streichelt den *Kopf* des anderen, sein *Herz* und die Stelle, wo er am *glühendsten* und *zufriedensten* ist? …

Mag man ihn noch mehr als *zuvor* oder *nie* mehr? Ist man *gestillt* oder ist der Hunger erst *entfacht*? Sieht man sich noch in die *Augen*? Ist *er*, ist *sie* noch eine *Verheißung*? Oder weiß man schon *mehr*, als man eigentlich *wissen* wollte? …

Hat man sich erkannt? Und spürt man plötzlich, dass man zusammenpasst, als wäre man ein Schlüssel und ein Schloss, als wäre man die zackigen und zahnigen Bruchstücke eines entzweigebrochenen Suppentellers, als wäre man die so lange schon einsamen Hälften eines wunderbaren, zauberhaften *großen Ganzen*, das man vor seiner Geburt schon einmal *gewesen* sein muss?

Ja?

Dann darf man auch wieder zurück ins Paradies.

»Es gibt im Leben nur vier Fragen von Bedeutung, Don Octavio:
Was ist heilig? Woraus besteht der Geist?
Wofür lohnt es sich zu leben? Und wofür lohnt es sich zu sterben?
Die Antwort ist stets die gleiche: Nur die Liebe.«
JOHNNY DEPP IN ›DON JUAN DEMARCO‹

Kapitel Elf

LIEBEN & LEIDEN

»Was immer an Freude ist in der Welt,
entspringt dem Wunsch für das Glück aller anderen;
und was immer an Leid ist in der Welt,
entspringt dem Wunsch nach nur dem eigenen Glück.«
Shantideva

Grund Nr. 101

Weil es besser ist, nach einer Frau Sehnsucht zu haben als nach keiner

Manchmal in meinem Leben, wenn ich mich besonders allein und verlassen fühlte, kamen mir die seltsamsten Fragen in den Sinn: *Milliarden* Frauen bevölkern die Welt – aber *welche* von ihnen ist ›die Eine‹? Die, die der liebe Gott extra und einzig für *mich* bestimmt hat? Falls er sich, wie ich inständig hoffte, diese Mühe überhaupt je *gemacht* hatte …

Und wo auf dieser großen weiten Welt lebte sie dann? Lebte sie in China? In Spanien? Oder etwa gleich hier um die Ecke? Und wenn es dieses wunderschöne Mädchen hier bei mir um die Ecke war – warum hatte *die* dann gerade einen *anderen*?

Das sind so Fragen …

Zeit unseres Lebens, so kommt es mir manchmal vor, rennen wir Männer den Frauen hinterher. Über enge Korridore und endlose Küstenstraßen, durch überfüllte Partys und menschenleere Wüsten. Und wir balzen und wir spreizen uns, wir knurren und kämpfen, wir machen uns wichtig und plustern uns auf und sind dennoch nur kleine Narren, bedürftige Kinder, die nur ein einziges Ziel haben: *geliebt* zu werden. Und je weniger die *Mutter* es einst getan hat, desto mehr müssen es nun zur Strafe für das weibliche Geschlecht *andere Frauen* tun.

Aber dafür muss man erst mal wieder eine neue Frau *finden*. Und vor allen Dingen: Überhaupt erst einmal einsehen und begreifen in all der Verzweiflung, der Wut und dem Trotz des Alleingelassenseins, wie *notwendig* eine Frau trotz alledem für einen Mann ist, um sich als ganzer, kompletter Mensch zu fühlen.

Meine erste große Liebe schickte mir einmal einen Brief, auf den sie außen ein geheimnisvolles Zeichen gemalt hatte, das ich nie zuvor gesehen hatte: ein vollendeter Kreis, der aus zwei geschwungenen Hälften bestand. Ich fand es wunderschön und bewunderte meine Freundin dafür, dass sie für unsere Liebe so ein schönes Symbol erdacht hatte.

Erst später erkannte ich, um was für ein uraltes Symbol des Lebens es sich bei diesem Zeichen handelte: Yin und Yang. Der Schatten und das Licht, die Kälte und die Wärme, das Bittere und das Süße. Das, was es *immer* im Leben ist: *Beides*.

Und als meine erste Liebe mich verließ, merkte ich zum ersten Mal, dass ich nun nicht nur wieder ›Ich‹ war, sondern plötzlich nur noch die *eine* Hälfte von etwas großem Ganzen, Runden, Vollkommenen. Und wie sehr ich die andere Hälfte auf einmal vermisste. Und, was noch viel schlimmer war, wie übermächtig in mir plötzlich das *Bewusstsein* meiner Halbheit war.

Noch mehrmals in meinem Leben gab es Zeiten, in denen ich von einer geliebten Frau plötzlich *nichts* mehr hatte. Außer ihrem Namen. Und ich ertappte mich immer wieder dabei, wie etwas in mir ihren Namen *dachte*. Ja, *laut* dachte. Und, wenn ich allein war, ich ihn sogar laut aussprach. Ja, ich ihn voller Sehnsucht in alle Winde rief.

Nicht, dass die Frau dieses Namens deshalb zu mir zurückgekommen wäre. Nein. Aber es half mir, mich in den bitteren Zeiten des Verlassenheitsgefühls und des langsam aufsteigenden Zynismus' immer wieder daran zu erinnern, dass mir trotz aller harten Gedanken und langsamer Verhärtung des Herzens etwas *fehlte*.

Dass ich *allein* einfach nicht vollkommen bin. Und dass es *richtig* ist, sich zu sehnen.

Weil man immer *weitersuchen* muss.

»Das ist schwer: ein Leben zu zwein.
Nur eins ist noch schwerer: einsam sein!«
KURT TUCHOLSKY

Grund Nr. 102

Weil man von Frauen lernen kann, wie sehr man doch am Leben hängt

Liebeskummer ist etwas Schreckliches. Für mich jedenfalls. Aus Liebeskummer wollte ich schon nach Australien auswandern, in die Fremdenlegion eintreten oder sogar noch viel Schlimmeres.

Noch viel *Schlimmeres*? – Ja. Ehrlich. Schlimm.

Aber vorher hatte mich noch mein ahnungsloser Freund Wimjan auf einen gemütlichen Herrenabend mit Bier und Fernsehen zu sich nach Hause eingeladen. Es gab Eishockey, und Wimjan liebte Eishockey über alles. So wie ich eine bestimmte Frau, die leider einen anderen liebte.

Als ich Wimjan zum ersten Mal traf, war ich noch ein Junge, und er war schon ein Mann. Und *was* für ein Mann: Als Holländer in Indonesien aufgewachsen, war er Schießausbilder in der Armee geworden, hatte im Indochina-Krieg gekämpft, worüber er nie sprach, war dann nach London gegangen, hatte dort Fotograf gelernt und lebte nun in einer kleinen, wildexotischen Junggesellenbude über seinem Hamburger Fotostudio. Und ich mochte ihn so sehr, wie ich ihn bewunderte.

Aber an diesem Abend konnte ich mich für Eishockey nicht so recht begeistern. Ich wollte viel lieber über meinen Liebeskummer reden. Und während wir tranken, Wimjan fernsah und ich redete und redete, verstieg ich mich irgendwann zu der Behauptung, ich würde mich am liebsten umbringen.

Da stand Wimjan auf, ging zu seinem Waffenschrank, holte ein Gewehr heraus, lud es mit einer schnellen, präzisen Handbewegung durch, entsicherte die Waffe und drückte sie mir Verblüfften in die Hand. »Okay!«, sagte er, setzte sich wieder und schaute weiter in den Fernseher, wo der Puck auf dem Eis wild hin und her schoss.

Und da saß ich nun.

Mit einem geladenen und entsicherten Gewehr in der Hand.

Tja. *Hic Rhodus, hic salta!*

Und dann lächelte ich verlegen und gestand meinem Freund, und damit ja endlich auch mir, dass es *sooo* ernst wohl doch nicht sei.

Und dann – das rechne ich ihm noch heute hoch an – lachte Wimjan nicht über mich. Er lächelte nicht mal. Er sagte nur wieder »Okay!«, stand auf, nahm mir das Gewehr aus der Hand, sicherte und entlud es wieder, stellte es zurück in den Schrank, holte zwei frische Bier aus dem Kühlschrank und setzte sich wieder zu mir in die Fernsehecke.

Und dann haben wir weiter Eishockey geguckt.

Und Eishockey war plötzlich *wunderschön*! ...

So wunderschön wie das Leben überhaupt.

Gerade eben, wo ich dies schreibe, rief die Frau an, wegen der ich mich damals ja am liebsten *fast* umgebracht hätte. Und wir haben, wie immer, wieder viel gelacht am Telefon. Und am meisten natürlich über mich.

»Ein Irrtum, welcher weit verbreitet
und manchen Jüngling irreleitet,
ist der, dass Liebe eine Sache,
die immer viel Vergnügen mache.«
Wilhelm Busch

Grund Nr. 103

Weil Frauen zwar der Grund für Liebeskummer sind, aber auch die einzig wirksame Medizin dagegen

Irgendwann, nachdem mal wieder eine Liebe gescheitert war, dachte ich *lange* nach. Zuerst dachte ich natürlich an all das, was die *Frau* nicht richtig gemacht hatte. Ja, dachte ich, was *hat* sie bloß alles falsch gemacht!

Aber so sehr ich auch damit recht haben mochte, es brachte mich für die Zukunft nicht recht weiter. Denn Fakt war: Die *Frau* war weg – aber *ich* war *immer* noch da. Und irgendwie haftete auch an *mir* ein Makel ... Und dann dachte ich darüber nach, was *ich* falsch gemacht haben könnte. Und was die Frau mir alles an Unangenehmem ins Gesicht gesagt hatte, das in ihren Augen zum Scheitern unserer Geschichte beigetragen hatte: meine Eitelkeit, meine Hochmütigkeit, meine Unaufrichtigkeit, meine Selbstgerechtigkeit, meine leichte Verklemmtheit, meine schwere Wankelmütigkeit ... *lauter* bedenkliche *-keiten.*

Und dann kam mir ein ungewöhnlich selbstkritischer Gedanke: Könnte es vielleicht sein, Richard, dass das größte Hindernis bei deiner unerfüllten Sehnsucht, von jemandem geliebt zu werden, die Tatsache ist, dass an dir *selbst* eigentlich gar nicht so viel Liebenswertes *ist*, wie du immer gehofft hast? – Und *das* haute mich um.

Als ich nach Wochen wieder stehen konnte, war mein Fazit aus all diesem Denken: »Die Liebe ist auch ein *Handel.* Und wenn du möchtest, dass dich jemand *liebt*, dann musst du auch ein *liebenswertes Angebot* sein.«

Ja. Man selbst, ob Mann oder Frau, muss schon ein korrektes Angebot für einen anderen Menschen sein. Und ein wenig sollte man schon im Gleichgewicht mit sich selbst sein. Und sich – und das möglichst auch mit *Grund* – selbst auch ein wenig lieben können.

Denn nichts gegen Probleme. Wir alle haben welche. Aber *nur* Probleme haben und jemand anderen anflehen: »Rette mich, heile mich, mach mich wieder ganz und erstmals glücklich!« – Verdammt *hohe* Ansprüche an die Möglichkeiten der Liebe, oder?

Oder zu jammern: »Ich kann alleine nicht leben, ich kann alleine nicht durch dieses Leben gehen!« – Um sich dann an einen *anderen Einbeinigen* zu klammern? Damit man wenigstens zu *zweit* einigermaßen durch die Weltgeschichte humpeln kann? – Keine guten Voraussetzungen.

Denn in der Liebe, finde ich, wird man nicht geheilt wie beim Doktor. In der Liebe wird man nur *sehr* eingehend daraufhin untersucht, ob man eventuell irgendwo schwer *krank* ist. Und ist man es, muss man allein ins Bett und sich auskurieren.

Noch mal in aller Klarheit: Die Liebe zeigt Dir nicht nur, wie die *anderen* sind, sondern sie zeigt Dir vor allen Dingen, wie Du *selbst* bist.

Die Liebe ist kein Ruck-zuck-Allheilmittel für all das, was in Dir selbst nicht stimmt. Fühlst Du Dich schnell *einsam*? In der Liebe wirst Du Dich *verlassen* fühlen! Hast Du das Gefühl, dass Du für Dich allein keine *Heimat* hast? In der Liebe wirst du *verloren* gehen! Bist Du schnell *gekränkt*? Die Liebe wird Dich *demütigen*! Und hoffst Du vielleicht insgeheim, dass Du, ohne etwas dafür zu tun, der geborene *König der Welt* bist? Die Liebe wird Dir zeigen, dass Du ein ganz stinknormales *Würstchen* bist.

Und ganz am Ende wirst Du mit etwas Glück begreifen, dass die Liebe immer nur so gut ist wie Du selbst. Und dass je mehr Du aufrichtig an Deinen Schwächen und Fehlern arbeitest, desto größer auch die Liebe sein wird, die Du als *nächste* erleben wirst.

Und was ich *noch* herausgefunden habe während der Monate, in denen ich versuchte, von mir selbst zu genesen, um endlich ein besserer und verträglicherer Mensch zu werden: Nicht *ungeduldig* mit sich selbst werden. Alles dauert immer *doppelt* so lange, wie man *gehofft* hatte. *Gedanken* sind schnell gedacht, *Taten* nicht halb so schnell getan. Und *Entwicklungen* brauchen immer viel, viel Zeit.

Und dass sich *wirklich* etwas an einem geändert hat, merkt man nicht, *während* es sich ändert, sondern erst, wenn es sich schon geändert hat. Und plötzlich eine Frau, die einen schon lange kennt, anerkennend zu einem sagt: »Ich glaub, ich muss dir mal ein *Kompliment* machen, Richard – du hast dich *echt* geändert!«

Hey! Echt? Findest du? – Yippieyeah …

Aber bitte nicht zu früh gefreut. Wir wissen doch, wie es mit dem Stairway To Heaven ist: Wer die *eine* Stufe endlich geschafft hat, steht gleich vor der nächsten!

Aber glücklicherweise ist es mit Frauen ja genauso: Wenn man die *eine* überwunden hat, steht man schon bald vor der nächsten.

Und wer bis dahin seine Karten neu gemischt hat, kann mit Recht hoffen. Neues Spiel, neues Glück!

»Sei du selbst. Vor allen Dingen heuchle keine Zuneigung.
Noch sei zynisch, was die Liebe betrifft;
denn auch im Angesicht aller Dürre und Enttäuschung
ist sie doch immerwährend wie das Gras.«
Max Ehrmann

Grund Nr. 104

Weil man Frauen auch noch lieben kann, wenn die Liebesgeschichte vorbei ist

Nachtreten ist nie gut. Weder im Fussball noch in der Liebe. Und nach einer Trennung über einen Ehemaligen oder eine Ehemalige *abzuhassen*, mag zwar kurzzeitig die Gegenwart erleichtern, die Zukunft aber macht es umso schwerer.

Kürzlich hörte ich eine Frau eine üble Hasstirade auf ihren Ex halten und dachte mir insgeheim dabei: »Wenn die den in Wirklichkeit *so scheiße* fand, warum war sie *dann* überhaupt mit ihm *zusammen*?«

Aber ich selbst hab ja noch viel Schlimmeres gemacht: Nicht nur *auch* über meine Exfrau abgeteufelt, sondern *das* auch noch gegenüber einer Frau, mit der ich gerade im Begriff war, etwas *Neues* anzufangen! Tja – *dümmer* geht's wirklich *nümmer*.

Heute weiß ich, was diese Frau damals gedacht haben muss: »Wenn dieser Typ jetzt so *dermaßen hässlich* über seine Ex redet, was wird er dann mal über *mich* sagen, falls wir uns wieder trennen sollten?«

Deshalb finde ich: Über eine Liebesgeschichte, die beendet ist, sollte man schweigen. Und ist der Schmerz verdaut, an das denken, was *schön* war. Und vieles war ja schön, nicht wahr? Sonst wäre das Ende ja nicht so *schrecklich* gewesen.

Ich finde, man sollte nie vergessen, dass man jemanden *geliebt* hat und ihn in einer Ecke seines Herzens auch weiterhin lieben kann. Und vor allen Dingen sollte man an *eines* denken: was man bei der *nächsten* Liebe vielleicht *besser* machen kann.

Hoffentlich. Oder?

»Wirf nie auf den Nächsten den Schatten desjenigen, den zu begraben dir noch nicht gelungen ist.«
Aus einem amerikanischen Spielfilm

Grund Nr. 105

Weil Frauen fast verlorene Männer vor dem Dunkel der Einsamkeit retten

Über die Hälfte aller Männer, so las ich irgendwann, haben keinen einzigen echten Freund. Höchstens ein paar Arbeitskollegen und Saufkumpane. Und wenn ihre Frau sie verlässt, haben diese Männer überhaupt niemanden mehr, mit dem sie sprechen und dem sie sich anvertrauen können.

Und dann, so denke ich, spüren diese Einsiedlerherzen in aller Deutlichkeit, was unsereins, der glücklicherweise von guten Freunden und großartigen Frauen umgeben ist, in stillen Momenten manchmal nur furchtsam ahnt: Wir kommen *allein* auf diese Welt, und wir *sterben* auch wieder als Einzelwesen. Und manchmal spüren wir auch in der Zwischenzeit, dass wir trotz aller Gesellschaft im Grunde doch allein sind.

»In Wirklichkeit ist jeder allein, prinzipiell und auf Dauer. Jeder tastet sich mit einer flackernden Kerze durch die U-Bahn-Tunnel des Nichts«, konstatiert Charles Bukowski lakonisch in seinem unerwartet lebensklugen Briefe-Buch ›Schreie vom Balkon‹. Und dieses düstere Lebensgrundgefühl muss man wahrscheinlich erst einmal begriffen und akzeptiert haben, bevor man sich den Wert von Freundschaft und Liebe überhaupt klarmachen kann.

In der Küche meiner Mutter hing ein kleines Schild mit dem bekannten Spruch: »Und immer, wenn Du denkst, es geht nicht mehr, kommt von irgendwo ein Lichtchen her.« – Anfangs habe ich darüber gelacht, später noch darüber gelächelt, und dann kam eine Zeit, da habe ich diesen Satz verzweifelt vor mich hingebetet wie ein Mantra. Weil ich plötzlich merkte, jetzt *geht* nichts mehr.

Und dann, gerade dachte ich, mein Leben hätte seinen absoluten Tiefpunkt erreicht, und ich hatte mich schon damit abgefunden, in einer kleinen, leeren, einsamen Wohnung still vor mich hin zu vegetieren, kam es wie aus heiterem Himmel. Wie eine Offenbarung. Ich stand einer fremden Frau gegenüber, sah ihr Gesicht, saugte in Millisekunden ihre Erscheinung in mich auf und verspürte eine Erschütterung in mir.

Und obwohl mir für Sekundenbruchteile schwindelig wurde, sah ich durch den Schleier doch *eines* ganz klar: Aus einer weißen Wolke am Himmel erschien eine Hand und ließ von ihrem ausgestreckten Zeigefinger einen Tropfen flüssiges Gold auf mein Haupt fallen. Und ich war gerettet.

Der Journalist und Blogger Don Dahlmann, einer der besten und klügsten Köpfe in der Internet-Szene (don.antville.org), wurde kürzlich gefragt, ob das Bloggen sein Leben verändert hat. Seine Antwort hat mich aus verständlichen Gründen sehr berührt: »... aber die Änderungen im Freundeskreis und innerhalb des Arbeitslebens sind lange nicht so gravierend wie die Änderung, die das wunderschöne Mädchen in mein Leben gebracht hat. Sie hat mein Leben umgekrempelt und ich bin jeden Tag froh, dass es sie gibt und dass sie mir immer wieder etwas beibringt.«

Hey, *das* ist ein Mann.

Und das schreibt er in aller Öffentlichkeit.

Respekt.

Die Liebe ist die Kerze gegen die Dunkelheit. Und ein geliebter Mensch vertreibt das Nichts, das immer im Untergrund darauf lauert, uns in seine schwarzen Arme zu nehmen und still und unerhört verschwinden zu lassen.

Und wenn eine Frau einen Mann *verlässt*, dann heißt das noch lange nicht, dass er damit von *allen* guten Frauen verlassen wäre.

Denn um manche Männer wäre es doch *wirklich* schade.

Oder?

»Es ist nicht wahr, dass man ohne eine Frau nicht leben kann.
Man kann bloß ohne eine Frau nicht gelebt haben.«
Karl Kraus

Grund Nr. 106

Weil Frauen es ertragen, dass Männer alles andere als strahlende Helden sind

In meinem Leben gab es schon *viele* weibliche Helden. Mich beeindruckte Alice im Wunderland, mehr noch Pippi Langstrumpf, aber am meisten die Rote Zora. Ein Mädchen, das eine *Räuberbande* anführt! Irre. Kein Wunder, dass ich später eine Frau kennenlernte, deren absolute Heldin, ja, deren zweites *Ich* ein Mädchen namens Ronja Räubertochter war.

Aber sind wir Männer auch *Helden* in den Augen der *Frauen*? Ja, ich weiß, wir alle träumen davon, König zu sein. Und welche Frau träumte nicht davon, das Herz eines Königs zu erobern und seine Königin zu sein? Auf dass es Milliarden Könige und Königinnen auf der Welt gibt – und *keine* Untertanen mehr.

Und wer wurde in seinem Traum ein Ritter, um schöne Prinzessinnen vor bösen Drachen mit schlechtem Mundgeruch zu befreien? Wer überwand seine Angst und wurde ein tapferer Held, um seine Geliebte aus den Klauen haariger Monster zu retten? Und wer wollte ein großer, starker Mann werden, um seine Geliebte vor den Gefahren des Lebens schützen zu können? Ich. Ich. Ich.

Und Du, mein Freund, wahrscheinlich auch.

Aber Fakt ist auch, dass Frauen, die ihre Erfahrungen mit Kerlen wie Dir und mir gemacht haben, leider vieles an Männern auch verächtlich und minderwertig finden.

Stephan Lebert, Redakteur von ›Die Zeit‹ und sein Bruder Andreas Lebert, Chefredakteur der ›Brigitte‹, präsentieren in ihrem Buch ›Anleitung zum Männlichsein‹ folgenden Satz einer Frau, der das Dilemma leider komplett zusammenfasst: »Männer sind feige, können sich nicht entscheiden, man weiß nie, woran man bei ihnen ist, sie stehen für nichts ein, sie sind lasch und sie kriegen ihren Hintern nicht hoch.«

Das sei nicht wahr? Stimmt, das ist noch nicht die *ganze* traurige Wahrheit. Es gibt in diesem Buch noch eine weitere glasklare Frauenstimme: »Männlich ist, die Schuld immer beim anderen zu suchen, die widrigen Umstände ins Feld zu führen, keinen Arsch mehr in der Hose zu haben und feige zu schweigen.«

Puh!

Harter Tobak.

Aber wenn ich mal kurz in der dunklen Kiste meiner *nicht* so strahlenden Eigenschaften krame, finde ich leider, leider Belege dafür, dass diese Klage auch mich betrifft.

Und ich weiß nicht, wie es mit dir steht, Freund, aber könnte es sein, dass uns allen etwas mehr Einsicht gut zu Gesicht stehen würde?

Und vielleicht ein *wenig* mehr Demut, um der Liebe vielleicht wieder etwas *würdiger* zu werden?

»Jeder ist der Liebe würdig,
nur der nicht, der sich ihrer selbst für würdig hält.«
Oscar Wilde

Grund Nr. 107

Weil Frauen Männern fast alles verzeihen können – nur stolze Dummheit nicht

Warum sind Blondinenwitze immer so *kurz*? Damit die Männer sie auch *verstehen*. Hoppla! Coco Chanel, die berühmte Modedesignerin, hat es noch etwas härter formuliert: »Die *Schönheit* brauchen wir Frauen, damit die *Männer* uns lieben, die *Dummheit*, damit *wir* die Männer lieben.«

Am härtesten sagt es Janina in ihrem Blog diva-syndrom.de, den ich kürzlich im Netz entdeckte: »Der schlimmste Lustkiller ist Dummheit. Einfach deswegen, weil dumme Männer die wichtigen Dinge nicht begreifen, ja, häufig nicht mal wahrnehmen können. Weil dumme Männer glauben, dass Geilheit wichtiger ist als Leidenschaft. Und weil dumme Männer keine Manieren haben. Einen dummen Mann im Bett zu haben, ist schlimmer als einen, der stinkt.« – Tja. Und manche von ihnen *stinken* sogar vor *Dummheit* …

Was sind das bloß für Typen? Verdienen sie eher unser Mitleid oder unsere Verachtung?

Sagen wir's doch mal so: Wir alle sind dumm geboren worden, und mit etwas Mühe können wir etwas lernen. *Richtig* dumm wird's erst, wenn einer *stolz* darauf ist, seitdem *nichts* dazugelernt zu haben.

Und das Allerdümmste ist doch immer noch *das*: Gerade *klug* genug sein, um zu erkennen, dass man dumm ist. Aber leider nicht klug *genug*, um an seiner Dummheit noch irgendetwas ändern zu können.

»Es gibt nur eine Sünde,
und das ist die Dummheit.«
Oscar Wilde

GRUND NR. 108

Weil Frauen in der Liebe mehr geben, als sie nehmen

Ich weiß: Bei diesem Satz denkt man auch unwillkürlich an *die* Frauen, die deutlich mehr *nehmen,* als sie geben. Die einen verliebten Mann ausräubern, ihm sein Geld nehmen, ihn kaltblütig in den Ruin treiben und ihn dann wie eine entwertete Kreditkarte fallen lassen. Aber *davon* reden wir hier ja nicht. Wir reden doch von *Liebe* ... oder?

Lassen wir das erste Wort zu diesem Thema noch einmal Antoine de Saint-Exupéry: »Du musst geben, bevor du nimmst, und bauen, bevor du wohnst.« – Und das zweite dem Psychoanalytiker Erich Fromm: »Reich ist nicht, wer viel hat, sondern wer viel gibt.« – Und als Dritter in diesem Bunde versuche ich mich einmal selbst ...

Je älter ich werde, desto mehr bemerke ich, dass ich den Wert eines Menschen danach einschätze, was er zu *geben* hat. Ob er innerlich so reich ist, dass er anderen etwas geben kann, ohne dabei zu *verarmen* – oder ob er innerlich noch immer so arm und bedürftig ist, dass er wie ein Baby oder Kind nehmen muss, bekommen muss, kriegen muss.

Kurz: Ob ein Mensch andere *nähren* kann – oder ob er immer noch mit der *Nabelschnur* herumläuft und bei anderen Menschen zum Nuckeln und Saugen *andocken* muss.

Und je älter ich werde, desto weniger interessiert mich, was andere Menschen an Materiellem haben oder angeblich in dieser Gesellschaft sind, sondern was sie in sich an Wissen und Erfahrung angehäuft haben. Und ob sie anderen Menschen mit vollen Händen gern davon *geben*, und natürlich auch von dem, was sie *sind* – nämlich sich *selbst*. Und da, mit Verlaub, meine Herren, scheint mir die Hingabefähigkeit der *Frau* doch immer noch unübertroffen.

Aber wenn mir also auch von Jahr zu Jahr immer weniger wichtig geworden ist, ob jemand nun eine *Frau* oder ein *Mann* ist – aber dafür immer wichtiger, was für ein *Mensch* jemand geworden ist –, wenn ich die *Wahl* habe, wähle ich die großartige Frau.

Weil es nichts Großartigeres gibt auf dieser Welt als einen großartigen Menschen, der *nebenbei* auch noch eine großartige *Frau* ist.

»So grenzenlos ist meine Liebe wie die See,
So weit und tief. Je mehr ich davon gebe,
Umso mehr hab ich, denn beide sind unendlich.«
GWYNETH PALTROW ALS JULIA IN ›SHAKESPEARE IN LOVE‹

Grund Nr. 109

Weil Frauen einfach etwas Wunderbares sind

Manchmal ist es mir ein echtes Bedürfnis, in bestimmten Situationen nur leise-weise den Kopf zu schütteln und in resigniertem Tonfall zu murmeln: »*Wei*-ber …« – Ja, so ein Pauschalurteil von Zeit zu Zeit tut Männern manchmal *enorm* gut.

Besonders, wenn man weiß, dass es glücklicherweise nicht die *ganze* Wahrheit ist. Denn in Wahrheit, der ganzen Wahrheit und nichts als der Wahrheit, so wahr uns Männern Gott helfe (der ja mit etwas Pech nach neuesten Erkenntnissen auch durchaus eine *Frau* sein könnte), in aller aufrichtigsten Wahrheit ist es natürlich so:

Es gibt *wahnsinnig* tolle Frauen.

Frauen, bei deren Erscheinen die Sonne aufgeht. Und in deren Nähe ein Männerleben strahlender beschienen wird als je zuvor.

Ich weiß es. Ich habe in meinem bisherigen Leben das Glück gehabt, ein paar dieser wahrhaft wunderbaren Wesen kennenzulernen. Näher, nah und ganz nah. Und jede von ihnen war für mich auf ihre Art eine Göttin. Weil die Hinwendung zu ihr und die Annahme durch sie mir den Himmel versprach.

Und? Hab ich den Himmel *kennengelernt*?

Oh ja!

Und die *Hölle* auch.

Aber, Hand aufs Herz, meine Damen, und Hand auf die Hose, meine Herrn: Ist eigentlich irgendjemand *außer mir* jemals so naiv gewesen, zu glauben, es könne einen Himmel *ohne* eine Hölle geben? Wie einen Tag *ohne* eine Nacht, ein Leben *ohne* einen Tod und eine Liebe ganz *ohne* ein Leiden?

Ja? Sie haben das *auch* mal geglaubt? Sie glauben das sogar *immer* noch? …

Oh, *das* beruhigt mich.

Es ist schön, nicht der *einzige* Dummkopf auf der Welt zu sein.

»Wenn die Liebe dir winkt, folge ihr,
Sind ihre Wege auch schwer und steil.
Und wenn ihre Flügel dich umhüllen, gib dich ihr hin,
Auch wenn das unterm Gefieder versteckte Schwert
dich verwunden kann.«
KHALIL GIBRAN

Grund Nr. 110

Weil Frauen uns zeigen, dass nicht nur eine Frau, sondern die ganze Welt etwas Wunderbares ist

Vielleicht noch ein *letztes* Wort zur Liebe. Wer als Mann jemals eine gute Frau kennen- und lieben gelernt hat, der ist danach nicht mehr derselbe.

Wer eine Frau liebt, liebt in ihr die ganze Welt. Aber er muss deshalb die ganze Welt ja nicht unentwegt *umarmen*. Denn das könnte ja wiederum *verdammten* Ärger geben ... Nein, er braucht nur auf den Rest der Welt manchmal ähnlich liebevoll zu blicken wie auf die Eine, die Einzige, die Seine. Der Rest geschieht ganz von allein. Ein Mann, der nichts anderes als die kleine, aber feine Lektion gelernt hat, dass es neben dem Bekannten auch noch etwas *Unbekanntes*, neben dem Sichtbaren auch noch das *Unsichtbare* gibt und neben dem Beweis- auch noch das *Unbeweisbare* – der hat viel gelernt.

Manche Männer vertrauen wirklich zu sehr auf ihre Augen. Und der französische Flieger und Schriftsteller Antoine de Saint-Exupéry hat schon recht mit dem berühmtesten Zitat aus seinem Märchen ›Der kleine Prinz‹: »Man sieht nur mit dem *Herzen* gut, das Wesentliche ist für die Augen unsichtbar.«

Und da kann man für sich *selbst* ja nur noch hoffen, dass man auch eines *hat*, nicht wahr?

»Gib niemals auf, egal was passiert.
Gib niemals auf, entwickle dein Herz.
Zu viele Dinge in deinem Land
entwickeln den Verstand anstelle des Herzens.
Habe Mitgefühl, nicht nur mit deinen Freunden,
sondern mit jedem Wesen.
Habe Mitgefühl und arbeite für den Frieden.
Und ich sage noch mal, gib niemals auf.
Egal was passiert, gib nicht auf.«

Tenzin Gyatso, der 14. Dalai Lama

GRUND NR. 111

Und weil Frauen wissen, dass auch wir Männer etwas Wunderbares sind

Nur mal angenommen, meine Herren, es gäbe keine *Frauen* auf der Welt … was für eine *schreckliche* Vorstellung! Und was das Schlimmste daran wäre: Es wäre niemand da, um zu erkennen, was für *wunderbare Menschen* ja auch wir *Männer* sind. Auch wenn es uns ohne Frauen ja gar nicht gäbe.

Aber – Gott sei Dank – es gibt ja die Frauen!

Und – Gott sei bei dieser Gelegenheit auch noch mal herzlich von allen *Frauen* gedankt – es gibt auch uns.

»And in the end
The love you take
Is equal to the love you make.«
THE BEATLES

RICHARD CHRISTIAN KÄHLER, Musiker, Fotograf und Autor *(Titanic, Stern, Süddeutsche Zeitung)*, wuchs als Kind allein unter Frauen auf (Mutter, Stiefmutter und Großmutter, drei Schwestern, vier Haushälterinnen und fünf Kindermädchen) und las deshalb bereits im Alter von zwölf Jahren heimlich den kompletten *Casanova* durch, verstand aber damals so gut wie nichts davon.

Heute, nach eigenen Erlebnissen im Geschlechterkampf, sieht er sich schon eher in der Lage, etwas über die Geheimnisse der Frauenwelt zu berichten. Aus Männersicht natürlich. Obwohl Richard Christian Kähler nach aktuellsten Erkenntnissen eigentlich gar kein Mann sein kann: Er kommt nicht vom Mars, sondern aus Hamburg-Mitte. Und er hört Frauen fast immer zu, aber kann echt schlecht einparken.

Richard Christian Kähler
111 GRÜNDE, FRAUEN ZU LIEBEN
Ein Lobgesang auf das schöne Geschlecht

ISBN: 978-3-89602-807-5

Lektorat Ulrike Fischer | Titelgestaltung: Natalie Reed
Titelbild: © Lisa Thornberg / www.istockphoto.com

KATALOG
Wir senden Ihnen gern kostenlos unseren Katalog.
Schwarzkopf & Schwarzkopf Verlag GmbH
Kastanienallee 32, 10435 Berlin
Telefon: 030 – 44 33 63 00
Fax: 030 – 44 33 63 044

INTERNET | E-MAIL
www.schwarzkopf-schwarzkopf.de
info@schwarzkopf-schwarzkopf.de